元宇宙陷阱

刘永谋　李瞳◎著

電子工業出版社
Publishing House of Electronics Industry
北京•BEIJING

序言

"元宇宙热"，思想者何为？

2021年10月底，脸书（Facebook）公司宣布改名为元（Meta）公司，全面进军元宇宙（Metaverse），在国内国外触发的反响迥异。简单说，中国人如获至宝——元宇宙在中国很快走向狂热——而美国人却无动于衷。

元宇宙中国热

在英文主流媒体上，对扎克伯格改公司名称一事，嘲讽的声音是压倒性的：Facebook业务不行了，使出改名招数，想用花拳绣腿忽悠大家！2022年2月2日，周三盘后公布第四季度财报后，Facebook股价暴跌23%，市值一天蒸发约2000亿美元。

在与国际同行交流后，我们发现，他们多数不知道元宇宙，知道的也没有觉得这是个值得讨论的事儿。可以说，西方学界无视元宇宙。关于这一点，在任何一个国际学术期刊数据库检索一下，就知道了。

元宇宙在发达国家遇冷，却迅即在发展中的中国爆火，甚至到了“红得发紫”的程度，夸张一点说，“直接让美国人吓尿了”！ Facebook 股价暴跌的前两天，元宇宙登陆 2022 年虎年春晚，成为老百姓街谈巷议的新词。连菜场买菜的大妈和公园跳广场舞的群众都在议论：元宇宙是个啥玩意儿?

眼看着“元宇宙韭菜”在春天里茁壮成长，部分中国商人暗自欣喜：“元宇宙炸弹”终于爆了，收获的季节就要来了！实际上，至少从 2021 年初，资本与媒体联合搅动的元宇宙炒作行动就已开始。当然，仍是“熟悉的配方、熟悉的味道”，主打口号仍是“千万不能错过发财的机会”。

在 A 股市场，多支元宇宙相关概念股票，短时间内涨幅超过 60%，有的甚至达到 80%，惊动监管部门下发关注函，要求相关公司予以说明。某上市公司原来的主业是高档家纺面料，涉足影视传媒才四五年，2021 年 12 月 9 日宣布将改名为“元宇宙公司”，次日公司股价大涨 13.75%。

“元宇宙房地产”的火热程度不亚于 A 股市场。2021 年 10 月 28 日，虚拟社区“虹宇宙”开始内测，其中的虚拟房产被爆炒，用户需要预约抢购、摇号才能进入游戏，甚至由于参与人数过多，服务器一度崩溃。据说，“虹宇宙”中有人囤积虚拟房产达一百多套。12 月 9 日，香港房地产巨头新世界发展集团 CEO 郑志刚，在元宇宙游戏 *The Sandbox* 中购入一个数字地块，投资金额竟然高达 500 万美元。

至于在各种媒体上，满屏都是“元宇宙”三个字，并不令人惊奇。元宇宙还没怎么建设，倒是线上的各种元宇宙相关课程，收费从几十元到几百元不等，已经在某些知识付费平台上“火”好一阵了，令人啧啧称奇！课程的内容基本上从网上认真搜搜都能找到，核心话术无非是元宇宙如何能让你赚大钱、赚快钱。据说，有讲师卖元宇宙课程，一个月挣的钱超过百万元。

2022 年 2 月 11 日，在接受专访时，杜撰出“元宇宙”这个词的小说家尼尔•斯蒂芬森（Neal Stephenson）说："我是一名小说家，我的工作是讲述有趣的故事，让人们阅读时乐在其中，有的想法并不完全符合现实。"显然，越来越多的国人把元宇宙当真了。

孙悟空的法术

实际上，20 世纪之交，资本就热炒过一波元宇宙相关技术，尤其是 VR 技术。当时，好莱坞跟风拍摄过许多相关科幻电影，比如 1982 年的《电子世界争霸战》，1990 年的《全面回忆》，1999 年的《异次元骇客》《感官游戏》《黑客帝国》等。当时，很多人宣称马上就人人一个 VR 头盔，天天活在虚拟世界中了。然而，热潮过后，"春梦了无痕"。

说老实话，资本炒作元宇宙，也是人家的本分。20 世纪下半叶以来，经济发展日益依赖高新科技的突破。因此，资本炒作高科技概念，已然成为常规操作。目前，互联网跨国公司对 AI 的流量炒作，渐渐"见顶"，于是抛出元宇宙概念，希望继续站在"流量 C 位"，刺激新冠肺炎疫情（简称疫情）暴发后疲软的经济。

说老实话，媒体炒作元宇宙，也是见怪不怪。冷静、客观、深刻的媒体，从来都只是一个"传说"。可以说，在某种程度上，今天的一些大众媒体尤其是良莠不齐的自媒体，日益沦为变相的"广告机器"，被深深地"摁"在消费主义的商业链条之中。什么热就炒什么，什么有好处就报道什么……元宇宙不热？咱们硬生生给它炒热！

不过，当前的"元宇宙热"，可以称得上某种奇观，主要不在于资本的炒作或者媒体的狂热，而在于中国学界对元宇宙的全面拥抱。在此次热潮中，学者一改往日清贵，纷纷跟进，速度令人咋舌。各种元宇宙的会议、笔谈、研究报告、论坛、论文和图书，并非“如雨后春笋”，而是“像原子弹爆炸一样”。

新世纪以降，出现过好几次与新技术相关的研究热潮，如 20 世纪之交的互联网热、2011 年前后的物联网热、2014 年大数据热、2016 年以来的 AI 热及后来的区块链热，以及 2020 年以来疫情研究热，但这些热潮都没有达到这样的热度：也不管有没有研究，在最短的时间里，各个学科全“围”了上来，对着还没影子的元宇宙，开始云山雾罩地“口吐莲花”、“评头论足”和“指点江山”。

当学界开始“吹牛”时，还真没商界什么事儿了！学者的各种奇思妙想和概念创新，绝对让人“拍案叫绝”！

什么元宇宙是未垦殖的“新大陆”，是人类未来的“应许之地”；什么元宇宙最终会走向“数字共产主义”，全人类的解放就靠元宇宙了；什么元宇宙将结束主客二元对立，人类将在元宇宙中永生，从碳基生命走向硅基生命……这些都不算什么。最让人“炸裂”的是，《2022 年中国元宇宙白皮书》直接宣布：元宇宙可以实现中国古代传说中的法术。

> 当然千里眼、顺风耳这些大家都知道，手机就实现了这些功能。那么《西游记》里面各种各样的法术，到底还有哪些没有实现？总结这些神仙法术，只有三个还没有实现。
>
> 第一个是，孙悟空的七十二般变化，现在的技术还没有实现；
>
> 第二个是，吃唐僧肉可以长生不老，现在的技术还没有实现；
>
> 第三个是，观音菩萨给孙悟空的三根救命毫毛，这样的法术

现在的技术还实现不了。

那么，今天的元宇宙就是要实现神话故事里一直还没有实现的这三大法术：七十二般变化、长生不老、三根救命毫毛。

那么问题就是怎么实现七十二般变化？在现实世界中能不能实现？不能，所以我们需要元宇宙。我们在元宇宙里就要来实现七十二般变化、人类的永生和救命毫毛。

亲爱的读者，读完这几段，你有没有感到脑袋被锤了一下？有没有领略到类似“‘一生二，二生三，三生万物’就是宇宙大爆炸”思维方式的神奇魅力？这句话原来是被用来嘲笑“民科”的，可《2022年中国元宇宙白皮书》的主编居然是教授、博士生导师，编委会指导专家居然还有院士。

在“原地爆炸”之前，再来看另一个也搞过元宇宙报告的教授、博士生导师公开发表的言论，同样是对孙悟空“满满的爱和崇拜”：

《西游记》曾畅想过，孙悟空拔一根毫毛变出另一个孙悟空，人类很快就会具备这种能力，创造出一个与你长得一模一样的虚拟人，它可以在你的手机、AR眼镜里帮你处理一系列事物。可以想象，我现在在做客文汇讲演的同时，我的另外一个分身正在中国信通院的会场做报告，这相当于元宇宙的技术多给了我20分钟。对此，我们称之为多空间多线程分身。

中国人喜欢孙悟空，孙悟空先去了元宇宙，你要不要跟去呢？不愿去？哈利·波特、机器猫、超人和哪吒都在元宇宙中呢，你到底去不去啊？！

失态的媒体学术

仔细想一想，为什么元宇宙“研究”变得如此“狂野”了呢？是不是因为“元宇宙”这个词“大”“空”“灵”，特别适合“神侃”呢？

然而，从科技角度看，元宇宙相关的技术进展很清楚，主要与VR、AR、AI、5G、区块链、脑机接口和电子游戏技术等领域相关。一些人认为，这些技术新进展在当下出现某种汇聚迹象或趋势——关于这一点，许多科学家和专业人士并不赞同——于是元宇宙概念应运而生。但是，以目前的技术水平，元宇宙要想完全落地，还有很漫长的路要走，离资本推销的“新大陆”“新纪元”还有十万八千里。近期来看，能看得到、摸得着的，主要是VR游戏、虚拟头盔、虚拟眼镜、数字货币等技术产品，实用性和商业价值不尽如人意。

因此，在“神侃”之前，学者是不是得认真研究一下相关科技进展及其社会影响呢？完全就为了凑热闹、赶时髦而发“注水论文”，会不会让别的“界”看不起呢？学术，学术，得先学学吧。

技术上和应用上的瓶颈，元宇宙也一目了然。比如，VR技术高耗能，哪有那么多能量仅仅用来创造身临其境的感官体验呢？比如，郑州水灾，凸显网络的脆弱性，电一断，连微信支付都搞不成。这种情况发生在元宇宙中，结果会怎么样？再比如，韩国首尔市政府是第一个入驻元宇宙的首都级政府。有人质疑，网上办事大厅就很方便，为什么一定要带上头盔，去见办事人员的虚拟化身（Avatar）呢？这显然会增加社会的交易成本。

自古以来，学术讲究与社会保持距离，反对跟风炒作，力主对时尚、流行和社会现状进行反思和批判，以应然的精神推动现实社会向前、向好发展。尤其是哲学家，更是以批判性为“生命线”。哲学要把握时代精神，而哲学家又要时刻警惕不着迷于“轻佻”的当下。

从“AI 热”开始，学者明显开始跟着媒体和资本的节奏“起舞”：资本炒什么，大家就研究什么，有人称之为“学术媒体化”。最近几年，学术期刊和学术出版愈发大众传媒化，每年发布很多“学术热点”、“学术展望”和“重点选题”，主动谋划着“炒”点什么，想努力“博”一些“眼球”。学术刊物多少有些媒体性质，可问题是：学者对此趋之若鹜，失去了判断力和独立性，甘心接受媒体和资本的“研究指导”。

最为吊诡的是，从自然科学到社会科学、人文科学，中国各领域学者对元宇宙的热情至今有增无减。不少人文学者“技术至上”的情绪浓厚，急于在元宇宙领域“抢占山头”，相反，很多计算机科学家和技术专家却更为冷静和客观，对元宇宙的前景并不太看好。

那么，在“元宇宙热”中，学界究竟为何如此“失态”呢？

其中，最重要的原因之一是“学术工分制”之流行：部分科研人员纯粹为评职称而做科研，失去了科学研究的初心，既无追求真理的执着，也无造福人类的热血。在“学术工分制”之下，学术等同于通过量化考核、计件工资考评和职称晋升。越来越多的从业者，尤其是很多年轻的学人，在“学术工分制”之下被潜移默化地影响着，把学术等同于一篇接一篇地发表论文、一个接一个地完成项目、评一个又一个的奖和一级一级地晋升职称。至于究竟写了什么、提了什么，反倒越来越不重要。

按照“学术工分制”的逻辑，评职称需要什么，就朝什么方向努力。需要论文，那就拼命发表论文吧：可以托关系、找路子，可以追热点、造数据，可以抱团取暖，也可以“独狼”潜行，还可以结交编辑，请托转载文摘。现在“元宇宙热”，论文好发表，当然要立刻投身元宇宙“伟大事业”，管它有没有研究价值、值不值得研究、和自己的研究相不相关。

长此以往，“研究”会沦为一出出闹剧，“学术”会沦为一次次搞笑。

元宇宙陷阱

话说回来，学界原创力日益缺乏，可以说是人尽皆知。学者没有原创力，不跟风热炒，就得“贩卖”外国人的“牙慧”，或者论证一下上级的指示，实在没有能力说出点自己的想法，更没有独立思考的习惯。

学者越来越懒惰，完全放弃批判性思考。四面八方都是风，风往哪儿吹，我就往哪儿倒！如果元宇宙是个“坑”，学者不仅不会“拉一把”，反倒会随大流“踹一脚”。

如此学界，价值何在呢？

学术存在的终极目标，是看护社会福祉和公众利益。因此之故，对于社会热点，学者必须习惯性地“冷思考”，时刻不忘风险意识。元宇宙来势汹汹，从人文视角反思“元宇宙陷阱”，提醒社会大众未雨绸缪，防患于未然，是一个清醒学人不可推辞的职责。此即为本书的主旨。

戳破色彩斑斓的“泡沫”，元宇宙究竟是个啥玩意儿呢？

元宇宙与哪些技术相关，又是如何一步步发展到今天的？它究竟是一次技术突破，还是纯粹的概念炒作？

建设元宇宙究竟是弊大于利，还是利大于弊？它真的能满足人类所有的需要吗？它的社会影响如何，会对实体经济造成伤害吗？

从长远来看，元宇宙真如一些人鼓吹的，将全面取代真实世界吗？元宇宙产业的发展前景如何，可能在哪些领域真正落地？

不同社会群体，尤其是普通劳动人民，能从元宇宙中得到什么好处？在元宇宙中，真的不再有“内卷”吗？

在元宇宙中，艺术何为，艺术性何存？世界和人生，真的会成为“一场游戏一场梦”吗？

人类能在元宇宙实现“数字永生”吗？这是否意味着人类彻底在数字世界中消失呢？

最重要的是，元宇宙会失去控制吗？元宇宙的发展可能导致何种社会风险，人们又应当如何应对？

类似的问题很多，乍一听可能有些“煞风景”，这些疑问不能指导大家从“元宇宙热”中挣钱，可它们与社会福祉和公共利益紧密相关，因此非常值得哲学家认真回答。此即为本书探讨的主要内容。

笔者始终认为：我们生活的时代，与其说是科学时代，不如说是技术时代。在技术时代，哲学家如果不研究技术，谈什么“把握时代精神”呢？

不同于理工科的技术研究，哲学家对新科技的研究，往往聚焦于技术与人的关系。可以预期，建设元宇宙将会产生有目共睹的社会冲击，势必影响每个人的日常生活，这些问题亟待深入反思。

由是观之，在“元宇宙热”中，我们写下此“小冷书”，并非毫无意义的无聊之举。

全书一共 10 个部分。序言交代写作的缘起，引出要讨论的问题。正文部分共

8 章，回答“何为元宇宙”（第 1、2 章）及“元宇宙的社会冲击有多大”（第 3 ~ 8 章）两大问题。大致来说，第 1 章运用话语分析方法对元宇宙进行基本界定；第 2 章以技术及其应用为主线回顾元宇宙的发展简史；第 3 章解读元宇宙中真假混淆的问题；第 4 章批判元宇宙中虚无主义蔓延的问题；第 5 章研究元宇宙中的自由问题；第 6 章分析与元宇宙艺术相关的问题；第 7 章审视元宇宙游戏的社会影响；第 8 章讨论元宇宙中人与自然的历史境遇问题。最后，结语呼吁人们为掌控元宇宙而积极行动，对技术发展的未来保持信心。

显然，如何调控元宇宙的现实发展，需要各个具体学科展开更为细致的可操作性剖析，这并非哲学之所长，因此结语属于未尽之思考，唯愿能引发读者更深远、更务实的思索。

本书的一小部分内容，曾在刘永谋的个人微信公众号“不好为师而人师者”上网络首发，引起读者的极大兴趣。另外，本书亦是国家社会科学基金重点项目“技术治理理论研究”（21AZX005）和青年项目“人类纪视域下的生物赛博格问题探究”（21CZX023）的阶段性成果，并得到中国人民大学交叉科学研究院元宇宙研究中心的研究支持，特此表示感谢。

是为序。

目录

5

6

1

元宇宙之谜：

冥币不属于 Metaverse 概念吧？

近来，各种元宇宙叙事满天飞：神乎其神的想象，恶搞的段子，发财的小道消息，以及谣言、骗术……把老百姓搞得如雾里看花，令他们“傻傻分不清楚”。其中，有个广为流传的段子：

> 我要提醒一下冷嘲热讽的各位，冥币，它也是 Metaverse，是元宇宙概念。虚拟世界（往生）硬通货，属于妥妥的当下热点，是未来发展方向，而且有落地，有共识，用户突破十亿人，不依赖 VR、AR，没有技术瓶颈。

不管写段子的人怎么想，很多人真把它当真了！一些从事相关研究的科学家、技术人员着急，想站出来澄清，可惜说的东西太专业，受众不多，被淹没于众声喧哗之中。那么，元宇宙到底是什么？元宇宙的发展还远未达到成熟形态，仍存在很大想象空间和不确定性，因而对于元宇宙的基本界定，学界目前还莫衷一是。但是，通过分析各种元宇宙叙事，可以区分出有关元宇宙的 4 种“术”，即元宇宙技术、元宇宙话术、元宇宙艺术和元宇宙学术，这完全可以帮助我们厘清元宇宙概念。

ICT的前沿汇聚

科技人员讨论的是元宇宙技术。元宇宙技术属于高新技术尤其是信息通信技术（ICT）的最新进展及其应用，主要涉及虚拟现实（VR）/ 混合现实（MR）技术、区块链技术［比如虚拟货币、非同质化通证（NFT）］、电子游戏技术（比如游戏引擎）、5G/6G 新一代移动通信技术、人工智能（AI）等新科技的阶段性突破。因此，从技术上看，元宇宙不仅是很清晰的，更是实实在在的。

作为新技术概念，“元宇宙”的提出，主要有 3 个关键性技术背景。

第一，进入 21 世纪，ICT 领域的新进展，持续引起全社会的强烈关注。以互联网创新和信息高速公路为基础，相关技术迅猛发展，各种新概念、新发明接连不断，比如电子商务、社交媒体、物联网（IoT）、云计算、智慧城市、短视频、脑机接口、数字孪生、虚拟人等，人们蜂拥而至，极大地促进了相关产业的迅速发展。

第二，相关关键技术取得实质性突破，使元宇宙从概念到落地多少成为可能。20 世纪 90 年代末，VR 技术发展成熟，曾在西方发达国家引发一波关注热潮。近年来，VR 领域进一步发展出 AR、MR 等新技术。2010 年前后，物联网热潮使得射频识别（RFID）、条形码、磁条、全球定位系统、M2M 终端[①]、摄像头及各种传感器等技术得到广泛运用，极大地促进了通信层和计算层的发展。2008 年，区块链技术取得突破，中本聪（Satoshi Nakamoto）发表《比特币：一种点对点的电子现金系统》一文，虚拟货币、NFT 开始尝试商业性应用。近年来，深度学习方向的突破，使得 AI 技术取得实质性进步；5G 通信技术、大数据和云计算的实际运用，使数据的传输和分析实现新的飞跃；而在相关技术尤其是 VR、AI 的基础上，电子游戏技术正在升级换代……这些新科技为元宇宙爆发提供了关键点上的支撑。

① 狭义的 M2M 指的是机器之间（Machine to Machine）的连接与通信，将数据从一台终端传送到另一台终端。广义的 M2M 除了包括机器之间的通信，还包括人对机器（Man to Machine）、机器对人（Machine to Man）、移动网络对机器 (Mobile to Machine) 的连接与通信。

第三，整个 ICT 前沿领域呈现出日益明显的技术汇聚的趋势，即它们开始协同整合、相互促进、相互激发——通俗地说，正在出现“1+1 ＞ 2”的爆炸效应。历史经验表明：技术变迁总是以技术集群进化的方式进行的，技术汇聚往往能爆发出推动人类社会进步的巨大力量。20 世纪之交，ICT 汇聚催生了互联网和赛博空间，而 21 世纪 20 年代，新一波 ICT 汇聚开始刺激更高级、更成熟的互联网和赛博空间新形态的诞生。这就是所谓的元宇宙。

一些科技人员将元宇宙视为互联网发展的第三阶段，即所谓的 Web3.0（元宇宙互联网）。Web1.0 指的是个人电脑（PC）互联网，Web2.0 指的是移动互联网。从 Web1.0 发展到 Web2.0，主要关键点在于：（1）主要接入设备从个人电脑变为智能手机；（2）主要内容载体从网站、网页变为手机应用程序（App）；（3）流量引导入口从搜索引擎变为微信、微博等社交平台；（4）技术目标从联合变为互动；（5）社交方式从社会交往变为熟人社交。

目前，人们对 Web3.0 并没有统一而清晰的认识。一些人称之为“语义网”，即它开始理解用户数据的语义，而不仅仅是搭建沟通平台。所以，区块链技术在其中起到重要作用，因为 NFT 技术可以保护数字作品的版权，而虚拟货币则可以实现数字劳动的价值兑换。在语义解释的基础上，Web3.0 的支持者宣称，它可以提供更高水平的互动关系，包括更加个性化的界面、更好的隐私和数字身份保护，并在此基础上让网民创造价值。因此，有人期待 Web3.0 会成为商业社交互联网或劳动社交互联网，使人们在社交和游戏的氛围中获得经济回报。

元宇宙刚刚兴起，仍面临“能源瓶颈”、内容缺乏等诸多现实制约。在未来愿景当中，从 Web1.0、Web2.0 进化到 Web3.0，支持者希望实现的主要转变包括：（1）泛接入，即任何电子设备都可以实现接入，接入无处不在；（2）主要内容载体将变为三维全息虚拟物和虚拟人，由各种可穿戴设备或脑机接口来完成呈现；（3）技术目标变为社交性劳动，即在虚拟社交中创造财富；（4）建设方式由互联网巨头主导变为所有人共同建设。当然，这些目标究竟能在多大程度上实现，还有待元宇宙的进一步发展。

还有些科技人员并不认同“新一波 ICT 汇聚”的看法，或者不认为元宇宙相关技术会有太多实质性的突破。比如，西南大学计算机与信息科学学院贾韬教授指出：

> 个人认为，基于现有的技术水平，元宇宙就是一个概念炒作。我们现在有什么技术突破？虚拟现实技术已经炒了六七年，有很多落地的项目吗？很少，基本上就是在教育和培训、游戏行业有一部分，其他的都很少，几乎达不到以前我们所想象的程度。图像处理技术，低延迟能够打破吗？没有听说有新的技术突破。脑机接口，也没有听说过有新的技术突破。所以说，当前没有任何技术突破可以让我们实现元宇宙。那么新的需求有没有？比如疫情期间，大家想要有更多娱乐方式吗？好像国内没有这样的需求，国内没有停工停产，大家日常的社交和以前是一样的，我看不出有任何新的需求会出来。新的主体功能有没有呢？比如我们讲元宇宙要创造一个新的世界，那么会有新的主体功能出现吗？如果大家打游戏的话就知道了，不用往前几十年讲，就近几年，《我的世界》这样的游戏理论上也能够完全实现元宇宙所勾勒出的一些功能。

再比如，马斯克认为，现在的VR头盔太重，很容易让人感到疲劳，或是出现“晕动症”（Motion Sickness）[②]，所以“我不觉得有人真的会把一块屏幕成天绑在自己脸上，这会让人十分难受。即使设备能被设计得很轻很轻，我还是不觉得有人愿意整天戴着它”。因此，元宇宙如果主打VR和3D，前途堪忧。

② VR设备的屏幕距离眼睛太近，需要8~16k的分辨率才能达到视网膜效果，而现有VR屏幕刷新率与延迟可能会使用户眩晕，这就是技术上一直没有解决的“晕动症”问题。

类似的批判性观点意义重大，能够提醒我们严肃、认真地审视既有的技术进展，“不吹不拍”，实事求是。无论如何，努力推动相关技术的发展，是科技人员最应该考虑的事情。

此外，关于元宇宙技术，还有一个比较重要的争议：数字孪生是否属于元宇宙技术的范畴。李德仁院士认为，不应将数字孪生与元宇宙混为一谈。他认为，元宇宙和数字孪生是两个不同的概念，前者并不是后者的高级形态。数字孪生是现实世界在网络空间中的真实反馈：无论数字孪生的工厂、城市还是地球，本意均为运用模拟、仿真等手段还原真实世界，并影响现实生活，与神话、游戏等完全想象出来的元素无关。

我们赞同李德仁的观点，反对让元宇宙技术的界定过于宽泛，不要把什么技术都往“元宇宙”标签上靠：以前说是研究虚拟现实的，现在可以说搞的是元宇宙；原来做电子游戏的，现在自称是搞元宇宙的；过去属于静态三维建模、传感器从业者，现在也都成了元宇宙技术人员。如果不进行限制，元宇宙技术简直等同于 ICT 的所有进展，那还需要“元宇宙”概念干什么呢？所以，元宇宙技术的界定，还要从 3D 环境实现、区块链确权及电子游戏 / 劳动三个方向加以限制，即与这三个方向突破相关的 ICT 新进展才能划归到元宇宙技术的范畴。经过如此限制之后，元宇宙基本上是服务业、媒体和中介平台的概念，一些人口中的“产业元宇宙”的说法就值得商榷了。

可以想象，会有不少人，尤其是资本圈、产业界努力想炒作元宇宙概念的人，不同意我们的看法。他们希望元宇宙越大越好，最好无所不包，这样就能让更多人被元宇宙吸引。但无论如何，哪些技术属于元宇宙技术，相关领域的科学家和技术专家最有发言权。在技术人员看来，元宇宙是一种身临其境的三维虚拟世界，人们在其中通过化身进行互动。因此，元宇宙并没有某些人说得那么玄乎，也并非完全是一个骗局。

资本话术

元宇宙技术叙事需要清晰、实在和实用，其目标是推动元宇宙相关技术的发展。相比于其他元宇宙叙事，它更为根本。也就是说，没有元宇宙相关技术的突破，就谈不上其他的讨论。依附于元宇宙技术叙事，主要还有其他3种元宇宙叙事：资本叙事、艺术叙事和学术叙事。

与科技人员非常不同，资本和爆炒元宇宙的公司使用的是元宇宙话术，全是“元宇宙是‘人类新未来’”“元宇宙是‘世界新纪元’”之类，说的都是玄而又玄的神话、莫名其妙的大话，以及让人们目眩神迷的轻松赚快钱、大钱的“迷魂汤”。

举一例为证：有人高喊，元宇宙是尚未垦殖的新大陆！他们大约是这么说的：

现代以来，西方发达国家为什么会走在世界的前列，西方人为什么会过上更为富裕的生活呢？这都要拜率先占领和开拓新大陆所赐。1500年前后，哥伦布发现美洲，达·伽马发现好望角，

> 麦哲伦完成首次环球航行，世界史进入地理大发现时代（Age of Exploration）。在世界大探索中，欧洲船队航行在世界各处的海洋上，寻找着新的贸易路线和贸易伙伴，发现了许多当时在欧洲不为人知的新大陆。之后，对新大陆的拓殖，给欧洲人带来了巨额财富，极大地刺激了欧洲新生资本主义的发展。与地理新大陆一样，元宇宙是虚拟新大陆、赛博新世界，等待有冒险精神的人率先“登陆”和“垦殖”。新大陆意味着新财富！敢为人先的探险家，灵敏地嗅到新世界气息的灵通人士，会在元宇宙中获得前所未有的财富，而对元宇宙持怀疑态度的人将后悔不迭。

用一句话总结他们的意思：元宇宙是和哥伦布发现美洲一样的发财机会，绝对不能错过。除了这一层意思，类似的“元宇宙新大陆说”还努力与“乌托邦梦想”扯上关系：

> 历史上，新大陆的发现，提供给人们缔造理想社会即乌托邦的机会。全新的世界就像一张有待作画的白纸，理想主义者可以将乌托邦方案在其中付诸实施。著名的乌托邦小说，如《新大西岛》《太阳城》等，描绘的都是与世隔绝、人所不知的新世界。互联网被发明之后，大家都期待在赛博空间中建设不同于真实社会的美好世界。现在元宇宙呼之欲出，实现乌托邦美梦的机会，再一次降临了！

如此阐释，元宇宙一下子就"高大上"了很多。

除了"高大上"的雄辩，还有一类"接地气"的元宇宙能赚钱的故事。比如，2022年1月14日，西班牙《经济学家报》网站报道，土耳其一家养牛场为奶牛配备VR眼镜，结果奶牛产奶量增加了。故事的主角是土耳其农民科贾克，他觉得冬天奶牛在室内心情不好，影响产奶量。奶牛看到虚拟的绿色牧场后，每头牛的产奶量从25升提升到27升，增加8%。在国内，这则消息是1月16日由参考消息网转载的，可这很让人怀疑：为啥西班牙网站要报道土耳其农民的故事呢？信息的源头是哪里呢？再想想成本，VR眼镜多少钱，还得耗电吧？增加2升牛奶值多少钱呢？哪家VR生产商的眼镜是让奶牛用的呢？奶牛能戴上吗？戴上能舒服吗？长时间戴着没有"晕动症"吗？没有闻到青草的香味，能骗得了奶牛吗？奶牛看到虚拟青草，会不会吃呢？就算真的有这么回事，同样很可能是VR公司找农民作的"秀"。

在各种元宇宙叙事中，元宇宙话术无疑是声音最大的，因为它背后资本和产业的力量非常强大。资本第一考虑的事情是赚钱，并非技术真正发展到了什么程度。资本为什么炒作元宇宙？为了刺激经济发展，从而攫取更多的利润。第二次世界大战以后，技术创新已经成为经济发展的第一推动力，只有不断推出新的技术产品，才能推动市场经济持续向前发展。近一百年来，面对大的经济危机、金融危机，人类社会都是靠一波新的科技应用浪潮走出去的。1929年到1933年的"大萧条"（The Great Depression），是汽车产业的大规模兴起救了它。20世纪七八十年代的经济滞涨，以"信息高速公路计划"为代表的信息产业大规模兴起，世界经济才得以摆脱困局。面对疫情对经济的冲击，资本必然会选择某些新技术概念进行炒作，不炒作元宇宙也会炒作别的。因此，资本包装技术新产品，炒作技术新概念，属于常规操作，也无可厚非。从这个角度说，元宇宙话术实质是资本推销术。

从 ICT 产业发展史看，资本推销“元宇宙”相关概念已经不是第一次了。讲到元宇宙，大家总是提到两部科幻电影：2018 年的《头号玩家》（*Ready Player One*），2021 年的《失控玩家》（*Free Guy*）。实际上，20 世纪 90 年代，欧美发达国家就出现过一次元宇宙热潮，好莱坞跟风拍摄过许多相关的著名科幻电影。比如，1982 年的《电子世界争霸战》（*Tron*），2011 年出了续集《创：战纪》（*Tron: Legacy*）；1990 年的《全面回忆》（*Total Recall*），2012 年被翻拍；1999 年的《异次元骇客》（*The Thirteen Floor*）；1999 年的《感官游戏》（*eXistenZ*）；1999 年、2003 年的《黑客帝国》三集系列电影，2022 年初上映了第四部《黑客帝国：矩阵重启》。

再比如元宇宙游戏，现在大家总是会提到《第二人生》（*Second Life*）游戏。实际上，20 世纪 90 年代就有了类似的游戏，中国当时有个著名的“第九城市”虚拟社区，在里面你可以选择化身，可以社交、上班、挖矿、修房子，还可以虚拟结婚。后来这个游戏不知道什么时候关闭了。

总之，上一次元宇宙热潮并没有留下什么新东西。

除了资本动机，“元宇宙”概念听起来很宏大，内容含糊不清，因此非常适合资本叙事进行炒作。相比于技术突破本身，新技术的应用和落地要复杂得多，因为这不完全是技术问题，还与方方面面的社会因素紧密相关。比如，微信收付款、支付宝等电子支付技术早已成熟，在中国应用广泛，而在美国基本上没有推开，原因就在于社会环境和国情差别很大。

正是元宇宙技术应用的不确定性，各种想象、各种概念、各种似是而非的方案才很容易被纳入“元宇宙的应用场景”中。在一些人眼中，智能交通、智慧城市、智能车间、智慧农业、远程机器人手术、数字矿山等，全都属于元宇宙应用。这么一来，元宇宙真的成了个“大筐”，“啥都往里面装”！这正是云山雾罩的元宇宙话术把大家搞糊涂的一个重要原因。

然而，技术能实现的，并非最终都会实现。AI 大火五六年了，如今我们真正看到的推广开来的产品不多，比如人脸识别门禁、共享单车、智能音箱、扫地机器人、健康码等，看起来智能水平仍然很低，而且这还是疫情应对需求强烈推动的结果。热炒了很久的无人驾驶汽车，目前还停留在实验和试用阶段，不知道需要多久才能真正大规模商用。

大家想一想，元宇宙有什么可以落地的新产品？很多人质疑，风口过了以后，会不会发现就是多卖了几个虚拟头盔、虚拟眼镜，多开发了几款 3D 电子游戏，而没有什么实质的进步呢？目前看来，元宇宙产业方面预计能得到应用的方向，主要还是集中在社交和游戏领域。

因此，元宇宙资本叙事非常激进，而元宇宙话术甚至可以说狂热。除此之外，它的特点还有过度包装和利益诱导，因为资本叙事的目标是攫取新科技进步的技术红利。通过对元宇宙相关技术进展进行美化和包装，它向社会宣传投资元宇宙将会带来多么巨大的经济利益。事实上，“元宇宙”概念被产业界炒热，本身就是一次成功的商业宣传行动。在元宇宙资本叙事中，元宇宙被一些人宣扬为物理宇宙之外的“新宇宙”“超宇宙”，最终将取代现实空间的“电子新大陆”，这些话在现在看来基本上是不可信的。

艺术家的新天地

随着元宇宙技术的发展，当代艺术受到很大的影响和冲击。更公正地说，当代文艺与元宇宙之间相互刺激，关系非常密切。比如，“元宇宙”一词是由美国科幻小说家尼尔·斯蒂芬森1992年首次提出来的。在小说《雪崩》（*Snow Crash*）中，他如此描述元宇宙：

> 只要在人的两只眼睛前方各自绘出一幅稍有不同的图像，就能营造出三维效果。再将这幅立体图像以每秒七十二次的速率进行切换，它便活动起来。当这幅三维动态图像以2000×2000像素的分辨率呈现出来时，它已经如同肉眼所能识别的任何画面一样清晰。而一旦小小的耳机中传出立体声数字音响，一连串活动的三维画面就拥有了完美的逼真配音。
>
> 所以说，阿弘并非真正身处此地。实际上，他在一个由电脑生成的世界里：电脑将这片天地描绘在他的目镜中，将声音送入他的

耳机中。用行话讲，这个虚构的空间叫作“元宇宙”。阿弘在元宇宙里消磨了许多时光，使他可以把“随你存”中所有的烦心事统统忘掉。

现在，阿弘正朝“大街”走去。那是元宇宙的百老汇，元宇宙的香榭丽舍大道。它是一条灯火辉煌的主干道，反射在阿弘的目镜中，能够被眼睛看到，能够被缩小、被倒转。它并不真正存在；但此时，那里正有数百万人在街上往来穿行。

“计算机协会全球多媒体协议组织”的忍者级霸主们都是绘制电脑图形的高手，正是他们精心制定的协议，确定了大街的规模和长度。大街仿佛一条通衢大道，环绕于一颗黑色球体的赤道之上，这颗球体的半径超过一万公里，大街长达六万五千五百三十六公里，远比地球赤道长得多。

…………

和现实世界中的任何地方一样，大街也需要开发建设。在这里，开发者可以依附于主干道构建自己的小街巷。他们还可以修造楼宇、公园、标志牌，以及现实中并不存在的东西，比如高悬在半空的巨型灯光展示，无视三维时空法则的特殊街区，还有一片片自由格斗地带，人们可以在那里互相猎杀。

这条大街与真实世界的大街唯一的差别就是，它并不真正存在。它只是一份电脑绘图协议，写在一张纸上，放在某个地方。大街，连同这些东西，没有一样被真正赋予物质形态。更确切地说，它们不过是一些软件，通过遍及全球的光纤网络供大众使用。

大家看到，如今很多老百姓理解的元宇宙，基本上与斯蒂芬森想象的差不多，尤其是关于“元宇宙炒房”的想象。实际上，“元宇宙”这个词自1992年出现后，并没有流行开来，或者说很快就“死了”，但2021年，由于扎克伯格的炒作，它又突然“爆炸性”地复活了。

在很大程度上，如今人们关于元宇宙的想象，受到一系列科幻小说，尤其是赛博朋克（Cyberpunk）小说的影响，比如威廉·吉布森（William Gibson）的《神经漫游者》（*Neuromancer*）、菲利普·迪克（Philip K. Dick）的《仿生人会梦见电子羊吗？》（*Do Androids Dream of Electric Sheep?*）、弗诺·文奇（Vernor Vinge）的《真名实姓》（*True Names*）、奥森·卡德（Orson Card）的《安德的游戏》（*Ender’s Game*）等。

除了科幻小说，科幻电影也刺激着大家对元宇宙的想象。除了前文提到过的著名科幻电影，还有很多与元宇宙相关的影视作品，比如《阿凡达》（*Avatar*）、《夏日大作战》（*Summer Wars*）、《无敌破坏王》（*Wreck-It Ralph*）、《她》（*Her*）、《虚拟革命》（*Virtual Revolution*），以及英国著名的科幻电视剧《黑镜》（*Black Mirror*）等。日本的漫画作品对元宇宙话语启发也很大，比如大友克洋执导的《阿基拉》（*Akira*）、木城雪户的《铳梦》（*Gunnm*）等。此外，还有很多人是通过电子游戏来想象元宇宙的，比如著名的电子游戏《第二人生》（*Second Life*）、《我的世界》（*Minecraft*）、《罗布乐思》（*Roblox*）、《堡垒之夜》（*Fornite*）、《沙盒》（*The Sandbox*）等。

总之，当代大众文化的科幻部分，是元宇宙艺术叙事的重要组成部分，极大地拓展了未来元宇宙愿景的想象空间。并且，这些文艺想象并非一味赞美元宇宙，而是表现出很强的批判性，深入地思考元宇宙与人之间深刻而复杂的关系。

这里要特别批评一种把元宇宙等同于人类全部想象的夸张说法。一些人认为，所有的小说、电影等文艺形式都是想象了一个新的不存在的世界和一些不存在的人物，比如塞万提斯的《堂吉诃德》、贾德的《苏菲的世界》，因此都属于元宇宙文艺的范畴。按照此种逻辑，“黄粱美梦”“南柯一梦”、《聊斋志异》和《西游记》描述的都是元宇宙。显然，这是非常荒谬的想法。元宇宙以 ICT 发展为基础，是当代最新的科技想象，《西游记》的作者吴承恩对现代科技一无所知，如何能想象元宇宙？！

艺术家的想象刺激元宇宙叙事，反过来艺术家们也受到元宇宙技术发展的激发，VR 电子游戏显然包含诸多艺术要素，比如歌曲、人物形象、故事线索等。与元宇宙相关的科幻文艺作品数量增长，尤其是新科技艺术者发现了 NFT 的唯一加密货币令牌，使得数字化艺术品（JPG 格式和视频剪辑形式）的版权得到明确宣示，因而可以进行买卖，因此相关的元宇宙技术应用实际上扩大了原创性艺术品的范围。由于 NFT 涉及艺术品资本市场的创新，资本力量对这一块也极力炒作，因此近来 NFT 艺术品交易日趋火热。

元宇宙艺术叙事的主体是艺术家与艺术评论家，尤其是当代艺术和新科技艺术的从业者。元宇宙技术集群突飞猛进，与当代艺术产生强烈的碰撞，刺激着艺术家的灵感，催生全新艺术样式，使所谓“当代艺术危机”更为突出。元宇宙艺术叙事的特点是积极、浪漫和美，目标是借助新技术寻找美学表达的新形式。在元宇宙艺术叙事中，元宇宙被视为数字艺术（尤其是VR 艺术）的新疆域和新市场。

技术反叛时代

由于新科技艺术的大众性、参与性和互动性，它对一般公众对元宇宙的理解影响非常大。对公众影响同样巨大的，还有元宇宙学术，即学术界对元宇宙的各种观点和讨论，尤其是对元宇宙的人文反思。

对于绝大多数的普通人而言，无论元宇宙技术多么“牛”，他们既没有形成明确概念，也没有感知到太大的意义。但是，随着元宇宙不断推进和成熟，每个人的生活都会受到巨大冲击。这也是元宇宙人文反思的根本性问题，即元宇宙与人的关系问题。

现在是所谓“技术反叛时代”，时刻关注当代人在技术时代的历史境遇，是学术研究最重要的任务。我们生活的时代，与其说是科学时代，不如说是技术时代。这便是“技术反叛”的主旨。也就是说，如今技术不再需要借助科学支撑自身的合理性，就能够从“真理的阴影”下挣脱出来，我称之为“技术的反叛”。可以说，技术与科学在知识上开始“平起平坐”，在社会重要性上已经超过了科学。

在古代，科学与技术分属两个平行的传统：科学属于求真的“贵族”传统，而技术属于谋生的“工匠”传统。当时，讨论科学的自然哲学家们，耻于与下层工匠为伍。19 世纪下半叶，科学与技术开始一体化，两者相互靠拢，这实际上拔高了技术在社会中的地位，技术不再被视为“奇技淫巧”。第二次世界大战之后，科学和技术一体化的趋势愈演愈烈，已然使得科学和技术融合为中国人所称的“科技”。20 世纪之交，情况继续发生变化：如今我们接受科学，更多是因为它能够帮助我们实现造福社会的技术目标。越来越多的人认为，某个科学新分支应该得到社会重视，是因为它具备足够的“技术－经济－社会”价值，而以往科学“不食人间烟火”的高贵形象，不过是早期科学家在寻求更多社会支持时“编造”的某种“神话”。

技术的反叛，正在催生一个“技术新世界”。在其中，人与技术的关系发生重大变化，技术改造世界的力量开始深入人的肉身与精神。20 世纪之交，克隆技术、基因编辑、人体增强和脑机接口等新科技，不断引发世界性关注，其中蕴含的改造人自身的冲动。因此，越来越多的人开始担心新技术的发展会失控，甚至在未来新技术会奴役人、统治人。正如有人评论的那样，“技术的反叛”也暗示着：新技术在反叛人类，要摆脱人类的束缚。

元宇宙是 ICT 汇聚的产物。随着元宇宙技术的不断推进，对元宇宙技术发展失控的担忧，在社会上会变得越来越浓重。大家想一想，元宇宙艺术中列举的元宇宙电影、元宇宙动漫作品，是不是绝大多数都包含类似的情绪？在元宇宙的背景下，人与技术的关系可能越发激化和对抗。因此，元宇宙学术对于元宇宙与人的关系的反思，会变得越来越重要。

元宇宙话术致力于推销技术产品，但产品终归要对个人的生活有利，对社会福祉有利，才能奏效。对不对？这是元宇宙学术评价的标准。人文社会科学的学者、各路知识分子的讨论是元宇宙学术，而媒体、意见领袖和公众受它的影响最大。大家对资本产生质疑，对技术不太懂，却很愿意听学者们谈谈元宇宙。

目前，国内学界对于元宇宙“一边倒”的支持态度是不太正常的。对于任何技术问题，学界有人支持，也有人反对，才属于正常的情况。无论支持或反对，学者都要思考同一个问题：元宇宙及其应用，与人、与社会的关系是怎样的。元宇宙的发展会不会让大家的生活更好呢？比如，现在沉迷网络的年轻人很多，“手机控”更多。元宇宙发展成熟后，成瘾问题可能会更加严重，面对这种情况应该怎么办？再比如，元宇宙肯定会如互联网一样，其中暗藏不少不正当的勾当，有什么可以预先考虑的应对措施吗？

总之，努力增进人在技术时代的福祉，是学界最应该考虑的事情。元宇宙学术叙事的主体是人文社会科学学者及各种知识分子，关注的问题是新科技与人的关系、对社会的影响，目标是利用元宇宙造福人类社会。因此，它最大的特点是反思性，警惕元宇宙推进可能导致的社会风险问题。在学术叙事中，元宇宙是虚实交融的电子虚拟空间，不断对现实社会和物理空间造成巨大的冲击。对于其他三种元宇宙叙事，学界均应保持审度的态度：元宇宙技术既有正面功能，也有负面效应；元宇宙艺术良莠互现，必须进行不断的扬弃；而元宇宙资本叙述必须适度，不应虚假宣传和过度操作。

新瓶装旧酒

今天，我们身处哲学的小时代，哈贝马斯是当今仍然在世的大哲学家之一。2020 年初，媒体就疫情问题采访他，结果他说：哲学家最好不要太早发言，先看看，先想想。但是，国内“元宇宙热”时间并不长，我们就写书讨论“元宇宙陷阱”。为什么？因为“元宇宙”术语虽新，但从哲学上看其本质，并没有什么新东西。针对元宇宙相关技术的讨论，比如 VR、物联网、AI 和大数据等，已经出现很长时间了。从某种意义上说，元宇宙概念是“新瓶装旧酒”。

元宇宙的本质究竟是什么？显然，元宇宙不过是赛博空间的一种。如果非得夸奖一句的话，它是赛博空间的高级阶段。但实际上，它与赛博空间另一种为人熟知的形式，即网络空间相比，出现的时间迟不了多少，发生的原理本质上也没有差别。

1984 年，吉布森在《神经漫游者》中杜撰了“赛博空间”一词，为人们的虚拟化身提供想象的数字实现方式。什么是赛博空间呢？人在通过各种技术设备（包括硬件和软件）联通网络，开启超文本环境，从一个网页跳转到另一个网页，从一个对话框跳转到另一个对话框时，会感到显示屏后有个潜在的巨大空间，像仓库一样储藏着无穷无尽的信息。于是，在网上冲浪，就像在某个确定的地方搜索信息、与人交流或完成工作。这个“地方”就是所谓的赛博空间，通过鼠标、键盘、触屏或语音输入设备，人们穿过显示屏就可以进入其中。

然而，并没有这么一个确定的空间。赛博空间既不在屏幕之后，也不在硬盘之中，但这并不妨碍我们把电脑当作某种入口，通过它我们得以与其他坐在电脑前的人发生接触。显然，赛博空间并非真正的物理空间，而是依赖主体想象力而存在的虚拟空间。

从某种意义上说，元宇宙是高级赛博空间，即赛博空间更成熟的一种形式。与之相比，互联网空间则是赛博空间的初级形式。

首先，所有赛博空间均是建立在ICT发展基础上的数字化信息世界。互联网空间以多媒体形式呈现数字信息，而元宇宙则直接营造出并不存在的数字幻觉世界。与网络空间相比，元宇宙依赖更为高级、更为复杂的ICT，尤其是VR和区块链技术来模拟更多的虚拟感觉，不限于视觉和听觉，而是试图加上触觉、嗅觉、味觉等，努力让幻觉世界在感觉上几乎与物理世界无异。

其次，所有赛博空间均为基于虚拟时空观的虚拟宇宙。互联网空间和元宇宙都是比特和信息的世界，而非真实的物理世界。在物理空间中，时空依赖于物质和运动。在虚拟空间中，时空建构依赖于虚拟交往事件。在电子游戏中，时间以“我”遭遇某个“大怪物”（Boss）或NPC（非玩家角色）为节点。换言之，虚拟时空是主体性时空，反映的是事件或交往关系顺序，而非客观事物的物理运动顺序。

再次，所有赛博空间均为以人际交往为基础的虚拟交往的产物。在虚拟空间中，主体面对的是文本、声音、图像等多媒体及各种虚拟感觉，但它们背后是真实的人及其意愿的表达。相比互联网空间，元宇宙中的主体表达更为丰富、更为全面。所有虚拟交往的背后都是人与人之间的交往和互动。《蓝图》一书指出，电子游戏的研究者发现，人们在线上互动时仍然以非常人性化的方式行事，和现实世界中没有本质的区别。在元宇宙游戏中，这种人与人交往的本质同样非常明显。

另外，所有赛博空间均有赖于人类的想象力而存在。虚拟交往的根本属性在于非直观性或虚拟性，这决定了主体想象力在虚拟交往中的关键作用。想象力的介入使虚拟交往在人类想象力的基础上，形成以虚拟对象为中心的独特交往结构。没有足够的集体想象力，虚拟货币无法起到与现实货币一样的功用。没有主体想象力，赛博空间都将消失，只剩下一堆电子元件。与互联网空间相比，元宇宙将主体想象力解放到新的程度。比如在元宇宙中，主体可以建构违反物理定律的空间。

最后，所有赛博空间从本体论上均表达世界的虚实交错性。第一，个体世界是短暂的，人的生命是短暂的，客观永恒不可能被把握，而它又在人类繁衍中绵延。第二，人之世界是表象的世界，主体通过表象世界认识本体世界，自在世界处于永恒的遮蔽和解蔽之中，而主体认识又不断从相对真理向绝对真理前进。历史唯物主义认为，人类最终能从必然性上认识客观世界，但在具体时代中，这种把握总是相对的和偶然的。从这个意义上说，人所把握的世界总是虚实难辨的。互联网空间将现实世界的信息性放大，与世界的物质性形成鲜明对比。而元宇宙更是将世界虚幻的一面直接表达出来，又与物理世界交织在一起，于是世界的虚实难辨得以完美呈现。

总之，虽然元宇宙未来愿景光彩夺目，但从根本上来说仍然属于赛博空间的范畴。这是一种比较冷静的看法。对当前元宇宙炒作者而言，这无疑是一盆冷水，或者一记棒喝，而对于被狂热话术所迷惑的老百姓而言，则是一个提醒，或者一种良言。

2

元宇宙往事：上一波热炒，结果怎么样？

在斯蒂芬森《雪崩》问世的20世纪90年代，关于网络世界的想象逐渐成为科幻小说的主要话题。在小说家笔下，元宇宙和赛博空间光彩夺目，分外迷人。此类作品的风格，常被称作“赛博朋克”。“赛博”源于“控制论”（Cybernetics），机械改造人（Cyborg，赛博格）、网络矩阵、人工智能等皆属于赛博主题。“朋克”则出自摇滚音乐领域，是一种以自由与反叛为主旨的音乐流派。简而言之，赛博朋克就是以赛博世界为背景，表现反抗主题的文艺类型。

2020年12月风靡全球的游戏《赛博朋克2077》，即赛博朋克风的典型代表。赛博朋克文艺的元宇宙之梦，激发了人们对元宇宙相关技术的探索，逐渐将想象变为现实。那么，赛博朋克作品中描绘的元宇宙究竟是什么样的？元宇宙在何种程度上只是一种想象，又在何种程度上已成为科技现实？回首元宇宙往事，宛如梦想与现实交织，发人深省又教益良多。

赛博想象的土壤

元宇宙概念萌生于赛博朋克风，而对赛博朋克的形成产生最重要作用的当属迪克。1968 年，他发表的小说《仿生人会梦见电子羊吗？》设想了一种足以乱真的机械仿生人。在小说的设定中，人类与仿生人最主要的区别在于人类具有共情能力，会对其他人甚至动植物产生同情心，而仿生人则只会通过理性计算选择最优行动方案。男主人公的工作是追杀混迹于人类之中的叛逃仿生人，结果他发现自己对仿生人产生了感情。接下来，他是否能顺利捕杀仿生人？随着仿生人公司升级产品，会不会有一天，人类再也无法分辨出人群中的仿生人？迪克留下了一个开放的小说结尾。

到了 20 世纪八九十年代，赛博朋克风格逐渐成形，导演雷德利·斯科特（Ridley Scott）对迪克的作品进行大胆的改编，将重点倾斜到仿生人的“觉醒”，即仿生人在与人类的对抗中开始追问自身存在的意义上，最后拍出里程碑式的赛博朋克电影《银翼杀手》（*Blade Runner*），从视觉上勾勒出赛博世界的景象。时至今日，谈到赛博朋克，多数人脑海中仍会浮现出影片中描画的城市街景：摩天大楼外侧巨幅的电子广告牌，楼宇之间飞速掠过的汽车，还有混杂各国文字的商铺霓虹灯。直到现在，许多科幻作品所描绘的未来世界，仍为此般样貌。

虽然迪克的作品尚未明确地刻画虚拟现实技术，但相关问题在他那里已初具雏形。他的短篇小说《全面回忆》（*Total Recall*）中，就有从事植入虚假记忆的科技公司。它们振振有词地宣传：真实的记忆总会遗忘，而虚拟的记忆更全面、更具体，并且永不褪色。当记忆可以模拟时，还有什么是真实的呢？在后来的《黑客帝国》《盗梦空间》等科幻影片中，这个问题不断引发人们的思考。

随着ICT不断发展，网络与虚拟现实进一步融入人们对赛博未来的想象之中。越来越多的科幻作品描写与现实时空并行的网络世界，在其中主人公通过电脑、主机或是脑机接口等技术装置，能够在虚实之间自由切换。肉身居斗室，灵魂却在虚拟世界翻踏刀光，飞掠云影。当真是“坐地日行八万里，巡天遥看一千河”！

赛博朋克中的元宇宙，为人类带来自由与希望，也模糊了真实与虚拟、人类与机器人的界线。在吉布森等人的赛博朋克作品中，你能看到与他人共享感知的技术、徘徊在网络中的人类意识、暗中操纵世界的AI、人类与AI的婚姻……人类希望变成智能程序，获得“数字永生”，而人工智能想要变成人类，获得真正的生命。20世纪末的赛博朋克作品，充满奇趣的幻想与迷人的追问，但倘若询问一些科幻迷：“你是否想要生活在这些作品所描述的未来世界？”他们的回答却可能是：一点都不想！

朋克精神的阴霾

为什么很多科幻迷不愿生活在赛博朋克世界中呢？诚然，如果能将意识上传，作为一缕“幽魂”飘荡于元宇宙，未尝不是一种有趣的人生——虽然不太能称得上是“人”生。但是，在赛博朋克作品中，生活并不只有元宇宙，还有它背后的现实世界。

在赛博朋克作家笔下，元宇宙之类的网络世界光怪陆离，令人心向往之，但它所植根的却是冰冷残酷、弱肉强食的现实世界。《雪崩》的男主角是一名顶尖黑客，他可以在元宇宙中自由驰骋，但在现实中只是一个债台高筑的小人物，别说生活舒适了，连最基本的生命安全都无法保障。在他生活的社会中，财富由少数大资本家掌握，财团、黑帮、政客都在竭尽所能地剥削底层居民；科技发展不仅没有为广大人民带来幸福，反而成为政客财阀监视与控制人民的利器；而劳苦大众完全不团结，彼此猎杀、掠夺，争抢着贫瘠的生存空间，没有人值得信任，也没有人活得清白。对此，斯蒂芬森写道：

美国人生活在世界上最吓人、最恐怖的国家里……顺着标志牌的光亮向外走，特许城邦的触手伸进一条条河谷地区，在那里你会发现难民群集的一个个城邦。这些难民逃离了真正的美国，那个真正的美国充斥着形形色色的可怕玩意儿：原子炸弹、尔虞我诈、嘻哈音乐、混沌理论、黑帮残杀、宗教狂热、变态杀手、太空行走、狩猎杀生、驾车枪击、巡航导弹、谢尔曼远征、政治僵局、摩托团伙和蹦极跳跃。难民们把面包车并排停放在电脑设计的、如出一辙的郊郡街道旁，自己则藏身于形状对称、石膏板搭成的龌龊宅子里，室内铺着塑料地板，摆满了不搭调的木头家具。在这些化外之地，难民们建起了一座座庄园农场，面积广阔，连人行道也没有，也算是这个平庸时代平庸文化中的文明象征。

不仅是斯蒂芬森的《雪崩》，赛博朋克文学作品普遍充斥着对现实的悲观、对资本的讽刺，类似氛围也延续至其后的赛博朋克影视作品与游戏之中。在电影《黑客帝国》中，最大的转折出现在现实世界真相被揭开那一刻：元宇宙浮华背后是不堪入目的现实。因此，人们常常这样总结赛博朋克世界的特征："高端的科技，低端的生活"（High Tech，Low Life）。而正是金字塔底层的小人物借助黑客技术反抗现实中的不平等、不自由，才成就了"朋克"的精神。

赛博朋克风格当然有其社会背景。除了一贯长于批判的文学，在20世纪末，人们徘徊在两次世界大战、美苏冷战的余波之中，生态问题、核危机、种族矛盾、反殖民运动等冲击着西方世界的既定秩序，国家资本主义的扩张进一步激化了资本精英与劳苦大众的矛盾。特别是人们看到，被资本扶持的科技正在史无前例地控制着民众生活的方方面面，反叛的声浪也愈发激烈。人们想要摆脱资本的控制，想要打破既定的社会规则，而赛博朋克便将矛盾张力推向极致。也是在这种情形下，元宇宙的想象给底层人民打开了一扇希望之窗。

在元宇宙中，虽然资本势力依旧庞大，但掌握信息技术的黑客，可以“教育”资本家何谓“知识的力量”。他们是一群“反乌托邦”世界的“反英雄”，如侠盗一般在元宇宙中劫富济贫、惩奸除恶，高声嘲讽着资本家及其走狗。黑客攻击显然是犯罪行为，然而在此类作品中，国家机器已然崩塌，法律公然维护着不义，犯罪反而成为了艰难求生的必经之路，被视为革命与解放的宣言，黑客则成为颇有梁山好汉“替天行道”之风的英雄。时至今日，黑客仍然是一种“酷”文化的符号。在科幻电影《黑客》（*Hackers*）中，黑客英雄们如此宣称：

> 我们没有国籍、种族和宗教的偏见。你们煽动战争、谋杀、欺诈，并试图让我们相信：这样做都是为了我们好，而我们所做的则是犯罪行径。是的，我是罪犯。我的罪行是好奇心。我是一个黑客，这就是我的黑客宣言。你可以阻止我，但你无法阻止我们所有人。

到了20世纪90年代，FBI与黑客的对峙不再是小说中的故事。

1995 年，一名年仅 16 岁的黑客因“黑进”一家美国 500 强公司而被 FBI 追捕。他就是后来与马克·扎克伯格一起创立 Facebook、并跻身亿万富翁行列的肖恩 · 帕克（Sean Parker）。今天，这样的故事已算不得新闻了。随着黑客被“招安”，随着资本家将目光投向赛博朋克，元宇宙还能够保持其自由、反叛的初心吗？

世纪末VR竞赛

按照赛博朋克的常用比喻方式，如果将元宇宙分为“硬件”和“软件”两部分，那么前者主要指的是用以实现网络和虚拟现实的技术，后者不仅包含通常意义上的编程，还包括支撑元宇宙的“虚拟社会形态”。

1989 年，万维网的出现催生互联网革命，使得元宇宙的软硬件雏形初具。在 20 世纪 90 年代，亚马逊、eBay、Hotmail、谷歌、Windows 95 等相继问世，勾勒出新世纪赛博空间的基本样貌。信息技术以前所未有的速度不断升级，点燃了人们将元宇宙幻想变为现实的渴望。在硬件方面，最具代表性的便是民用 VR 技术的发展。

一般来说，对 VR 技术的设想可以追溯至斯坦利·G. 温鲍姆（Stanley G. Weinbaum）1935 年的科幻小说《皮格马利翁的眼镜》（*Pygmalion's Spectacles*），而真实出现的头戴式 VR 装置至少可以追溯至 1968 年大名鼎鼎的“画板”程序发明人伊凡·苏泽兰（Ivan Sutherland）与学生们一同制造的、一个能够全方位观看虚拟场景的“头盔”。苏泽兰的机器过于沉重，他只能将其从天花板上垂吊下来，供下方的人佩戴，于是被幽默地称作“达摩克利斯之剑”——传说中一把随时可能从头顶落下的宝剑。

在接下来的十几年中，电影业、游戏业甚至军方和美国国家航空航天局，都对 VR 产生了浓厚兴趣，各种实验性产品层出不穷。头戴式 VR 显示器也向更加亲民的方向发展，任天堂等游戏公司陆续推出 VR 眼镜及可以捕捉玩家动作的多功能手套，令广大玩家能够亲身体验沉浸式的虚拟游戏世界。在 20 世纪末，诸如《天才除草人》（*The Lawnmower Man*）、《攻壳机动队》（押井守电影版，1995）、《黑客帝国》等赛博电影在大荧幕上频频亮相，更是将人们对 VR 的期待推上顶峰。不少游戏厂家投身于 VR 游戏的创作之中，激起一场“头显大战”。任天堂、世嘉、索尼和飞利浦等知名公司都在这个没有硝烟的战场上展开角逐。在某种程度上，这算是现实世界的第一场“元宇宙热潮”。

然而，此次热潮并未产生真正的赢家。由于技术所限，彼时 VR 设备存在重量大、延迟高、缺乏软件支持等问题，根本无法达到小说和电影中的酷炫效果。大量的 VR 项目入不敷出，甚至在开发阶段就不幸夭折。1995 年 7 月，任天堂推出 Virtual Boy，首批计划发售 77 万台，但本应是销售黄金期的前两周仅卖出 14 万台，这使得多家店铺后续不得不以低至 3 折的价格抛售。任天堂社长在股东会上鞠躬谢罪，项目负责人引咎辞职。Virtual Boy 失败的原因很多，但最主要的仍是技术效果远远无法达到玩家预期。由于想要赶上暑假的销售旺季，Virtual Boy 的工期提前，原本设想的头罩式眼镜无法实现，只能改为三角支架辅助支撑。但即便制作成眼镜形式，它的重量也在半斤以上，很难长时间佩戴。况且当时 PlayStation（PS）等游戏主机不断实现技术突破，精美的 CG（Computer Graphics，计算机动画）成为游戏界的新趋势，而 VR 游戏却只能呈现点线形式的简单画面，反差巨大。显然，比起单调扁平的三维环绕，细腻精致的立体建模更能令人沉浸。随着无数 VR 公司和项目组惨淡退场，此轮 VR 热潮未能持续到新世纪。

“第二人生”亦真亦幻

在 VR 混战中，一名值得注意的参赛者是菲利普·罗斯戴尔（Philip Rosedale）。他于 1999 年组建的“林登实验室”（Linden Lab），原计划开发一种可置于肩膀上的沉浸式显示器，但审时度势之后他很快转变方向，全力投入元宇宙软件的开发。终于在 2003 年 6 月，一个 3D 虚拟新世界“第二人生”游戏平台出现在世人面前。

“第二人生”以用户为中心，不同于常规的电子游戏，没有既定的游戏任务和最终目标，更接近一个虚拟世界的设定。用户能自由设定自己的可视化身，化身可以步行、奔跑、乘车和飞行，甚至可以“超距离传送”。一个账户只能拥有一个化身，但玩家可以通过建立多个账户拥有不同的化身。为了充分调动用户的积极性，“第二人生”允许居民购置地产并搭设建筑，制作想象力和程序所能及的任何东西，建立协会等组织，举办音乐会、时装秀等各类活动，甚至改建大型的虚拟生态区。游戏中的交易以虚拟货币“林登币”进行结算，并与现实世界的美元挂钩。更重要的是，用户拥有自己所创作虚拟物品的一切权利，能够在平台中进行自由贸易，乃至开设银行等金融机构，并自行设置利率。

“第二人生”相当宽松的经济政策，吸引了一大批用户在此创业，也有不少人实现盈利，其中最为著名的当属德籍华裔女子艾琳·格雷夫（Ailin Graef），她在“第二人生”中的名字是钟安社（Anshe Chung）。在进入“第二人生”后，她用代码技术制作动画进行交易，赚取了第一桶金。在一次官方放出大量可交易的虚拟地产时，她敏锐地捕捉到机会，买入大片土地并进行精巧的房屋设计，随后将其出售给有需要的用户。依靠虚拟地产交易，截至 2006 年底，她在“第二人生”中已赚取了相当于 100 万美元的财富，并以化身形象登上了 2006 年 5 月 1 日的《商业周刊》（*Business Week*）杂志封面。

钟安社等人的商业才华，给“第二人生”带来井喷式的经济繁荣，用户数量随之呈井喷式增长。同年 9 月，“第二人生”公布的数据显示，平台生产总值已达到 6400 万美元。很快，名人、媒体、大公司、学校、行业协会、政府机构等纷纷加入，如 IBM 购置 12 座岛屿，阿迪达斯、耐克、丰田等公司开设官方店铺，马尔代夫、瑞典、爱沙尼亚等多个国家甚至建立虚拟的大使馆。

据统计，截至 2008 年 1 月底，“第二人生”用户累计登录时长约为 2800 万小时，每时每刻平均 38000 人同时在线。在线人数的峰值产生于 2009 年，大约 88000 人。也是这一年，“第二人生”的经济总规模突进到 5.67 亿美元。

随着“第二人生”用户数量的不断攀升，越来越多的问题暴露出来，最大的问题出在金融体系上。由于林登币与现实货币挂钩，如此庞大的交易量引起了美国政府的重视。美国国税局提出：如果林登币可以兑换为真金白银，是否应当征收税费？更大的问题在于，一些人利用虚拟货币进行洗钱、赌博等违法操作，这些现象引起 FBI 的关注。

迫于各方压力，罗斯戴尔于 2007 年 7 月 26 日宣布“第二人生”禁止所有形式的赌博，包括但不限于 21 点、德州扑克、轮盘赌、老虎机等，并且在必要时会将涉嫌犯罪的用户信息提交给警方。但是，美国各州对赌博的政策各不相同，“一刀切”的做法引起了用户的极大不满，对林登币的不信任也如星火一般蔓延开来。次月，“第二人生”的多家银行出现大范围的挤兑行为。由于缺少现实经济基础作为应对，当时市值 75 万美元的 Ginko Financial 虚拟银行宣告破产，而银行负责人是巴西人，并不在美国，大量用户的追偿无法得到法律保护，最后只得不了了之。该事件可谓虚拟世界中的第一场涉及多个国家、各层次用户的超大型“庞氏骗局”。

作为补救措施，罗斯戴尔在 2008 年 1 月制定新规：如果一家机构在现实中没有取得银行业资格，也不得在“第二人生”开设银行业务。但是，对于“第二人生”的安全性、自由度、隐私权的质疑，已如同阴云一般笼罩在虚拟世界的上空，被游戏初期各种狂热情绪所遮掩的问题逐渐暴露出来。用户开始质疑：“第二人生”有没有能力应对逐渐升级的黑客攻击和作弊行为？现实货币尚且欠缺足够的稳定性，缺乏监管的虚拟货币又如何防范金融风险？虚拟货币与美元直接挂钩，用户在享受现实世界的红利的同时，金融与犯罪风险也渗透进来。正可谓成也萧何，败也萧何！

随后，林登实验室又经历几次管理权的变更，但再也没有重回当年的巅峰。2010 年 6 月，林登实验室宣布裁员 30%，罗斯戴尔卸任 CEO，投入虚拟世界的人工智能研究。新的管理团队曾开发了名为“Sansar”的 VR 版“第二人生”，但项目也未能带来较好的收益，于 2020 年 3 月转售给其他公司。

也许是因为这些经历，使得罗斯戴尔对当下的元宇宙热潮态度悲观。2021 年，他在采访中说：“以我们的经验来看——鉴于我先前所做的工作，我承认我在此问题上多少有些悲观——元宇宙并不是一个适合每个人参与的地方，也许永远不是。”

如今“第二人生”仍在维持运行，甚至因为全球疫情稍稍“回暖”，但目前尚未看到能重返巅峰的新契机。对于实现元宇宙梦想而言，“第二人生”虽然不算成功，但仍可谓一次出色的“虚拟资本主义社会实验”，让我们看到自由宽松的市场经济会带来怎样的繁荣，又会陷入怎样的失控。

“第二人生”飞速发展的秘诀，在于解放每一名玩家的创造力，实现多劳多得与自由贸易。在此基础上，它引入金融市场“钱生钱”的逻辑，一些虚拟银行甚至承诺“100% 的利润”，迅速吹涨经济泡沫。但是，它的“实体经济”远不能支撑一飞冲天的经济增速。再加之形同虚设的监管系统，各类金融犯罪更是冲击着本就脆弱的经济体系。

可以说，赛博朋克文艺对元宇宙的想象和对资本的批判，最后都在“第二人生”中映射出来。“第二人生”的经验说明：现实世界中的资本主义危机，同样会在元宇宙中上演。

“第九城市”昙花一现

在20世纪之交，中国人也尝试过建立元宇宙社区的雏形，最典型的是曾风靡一时的“第九城市”（下文简称“九城”）。

1999年8月30日，赴美归来的朱骏创建了网络社区GameNow，致力于打造一个网页版的“虚拟城市”，它的中文名在当年10月由全体“居民”投票确定为“第九城市”。虽然在硬件上，“九城”远没有达到元宇宙的规格，仅仅是由链接组成的普通网站，但在软件上，“九城”确实创造出一种“虚拟社会形态”。

在“九城”中，在管理员的组织下，用户自发兴建各种街区，想在此“定居”的人可以选择街道安家。城里的各种日常活动包括“工作”，均以Flash小游戏或知识问答的形式展现。居民可通过各种活动赚取虚拟货币和经验值，获得道具装扮自己的“客厅”，或是赠送给其他网友。虽然居民之间的集体互动只能通过留言板进行，但与城市配套的论坛相互补充之后，多样化的论坛板块为居民搭建出不错的交流“广场”。逐渐地，“九城”发展出元老院、法院、律师事务所、日报社、证券交易所和大饭店等机构，甚至还有一个举行婚礼的“九城喜屋”。

“九城”新奇的玩法，很快吸引了年轻人的目光，成立不到4个月，注册用户就突破10万人。一时间，“九城”成为最新潮的玩意儿。不少人潜心研究“升级”的方法，每天如打卡一般参与各项“工作”和活动。也有不少人发挥社交与管理的才能，积极组织论坛活动，参与街区竞选和“最高执政官”的角逐。还有不少人沉浸在赛博恋情之中，尽管“结婚”需要真实的货币做各种打点，但仍令许多学生掏出了积攒多时的零花钱。

虚拟城市激发了万千青少年最初的元宇宙遐想。虽然技术有限，“九城”大部分场景与活动仅仅是点击链接进行脑补，聊天互动也多是依靠论坛和QQ实现的。但对于当年大量刚刚接触网络的人来说，足以算得上一座“真实”的城市，甚至更像是一座理想的“乌托邦”：城市的大多数事务——包括立法、执法、司法——依靠居民自治，居民享有选举权和被选举权，也具有对执政官、街道长，乃至日报社等“官方”组织的监督权。

可惜的是，原本可能创造奇迹的“九城”，最后渐渐消失在网络浪潮中。导致这座城市垮塌的，不是居民的背弃，不是货币系统的安全性问题，不是黑客的攻击，更不是公司无力负担服务器——“九城”社区关闭之时，正是其公司业绩如日中天的时刻——而是资本巨兽逐利的吞噬。

早在“九城”创立初期，朱骏就时刻关注着网络游戏，并在2001年为“九城”社区增加名为“纵横”的付费网页游戏，得到不少用户的支持。当时，国内出现第一波大型网游热潮。由于自身技术有限，大多数公司依靠取得国外游戏方的代理权营利。“九城”公司也把目标锁定在最为热门的韩国网游上，并于2002年成功拿下了《奇迹MU》的代理权。此举直接将37岁的朱骏推上2003年度的“福布斯中国富豪榜”第66位，净资产1.5亿美元。

2004年，《奇迹MU》最高在线人数突破18.9万，每月活跃付费用户152.7万。但是，由于外挂泛滥，加之私服侵扰，《奇迹MU》的营收数据开始出现疲态。于是，“九城”公司下出最成功的一步棋——2004年4月1日，它以近乎孤注一掷的价位，在众多代理商中杀出重围，夺得《魔兽世界》的中国区代理权。

当年，现象级的《魔兽世界》到底有多赚钱？据2004年7月20日的官方消息，《魔兽世界》在全世界已拥有350万名付费玩家，其中中国市场玩家超过150万人，最高同时在线60万人。2004年12月15日，“九城”公司成功赴美上市，股票首日开盘价19美元，收盘报21美元，涨幅达10.53%。

在“九城”运营的4年中，《魔兽世界》长期占总收入90%以上。2005年第四季度，公司总营收2.12亿元，该游戏就贡献了2.11亿元。借着《魔兽世界》的营收，老球迷朱骏于2007年顺利收购了上海申花足球俱乐部，并一度爆出他意欲收购利物浦俱乐部的消息。

也正是这个时期，“九城”公司并未实现“苟富贵，勿相忘”的承诺。“九城”社区拥有着众多黏性用户，有着一批批“用爱发电”的城市、街区管理员。他们致力于打造平等与民主的社区环境，与刺激消费、唯资本是命的商业逻辑格格不入。在“九城”数以万计的居民中，真正愿意持续付费的只是少数。虽然2005年的社区宣传中曾提到“九城的重点中，社区只是其中很小的一块，但作为产品，不会被抛弃”，但事实却是在2005—2006年，社区长期出现无法登录、网络超时等问题，这导致社区活动骤减，管理人员流失，直至突然关闭。

凝聚着人们青春岁月的“九城”社区，一如年少时的美梦，在现实利益面前是如此脆弱和不堪一击！“九城”堪为中国网络史上最早的元宇宙雏形，却因无法变现而被创立者抛弃，成为众多居民心中的遗憾。

可以说，“九城”公司对社区的抛弃，正是一则曾与怪兽搏斗的少年成为怪兽的故事。搭起元宇宙雏形的理想主义者，最终成为赛博朋克小说中的反派资本家。在“九城”公司代理《魔兽世界》的4年中，玩家对它一直心怀不满。2008年底，代理权到期，《魔兽世界》迅速抛弃“九城”公司，选择网易作为新的代理商。经济命脉断裂，核心团队流失，2009年，“九城”公司亏损4.05亿元，营收数据全面溃败，从此一蹶不振。

如果“九城”社区坚持到今日，是否会成为中国版的“第二人生”，甚至超越“第二人生”？虽然也有少量付费项目，“九城”社区的繁荣却不像“第二人生”得益于市场逻辑，而是来自它的居民自治。“九城”社区的用户多是掌握一定知识技能的年轻人，欲借助互联网的新浪潮建立心中的理想世界。只要能施展拳脚，他们都愿意无偿贡献时间、精力，自发组织社区活动，创造出丰富的网络文化。“九城”只是提供平台，社区管理几乎全部交于这群无需支付工资的优秀居民。如此“依靠群众”的制度，充分发挥了居民的想象力与能动性。他们在“日报社”撰写长篇稿件，在“街道”组织文化活动，并不是为了赚取经济利益，而是为了在虚拟世界赢得尊重，实现自我的价值。他们才是元宇宙真正的主人翁！

元宇宙之梦

从20世纪末滥觞于科幻文学，直至今日成为最新一波热潮，元宇宙一直在向前发展。

在硬件方面，无数公司在20世纪90年代的“头显大战”中伤亡惨重，但仍有一批又一批项目组，前仆后继推动VR技术的进步。进入新世纪，至少又兴起了3～4次VR热潮，几乎每隔两三年就会出现一次“VR元年”或“VR新元年”。VR眼镜在更新换代中变轻，图像和音效在改进，但至今离理想状态差距还很大。

与此同时，增强现实技术（Augmented Reality，AR）迅速兴起，并在2016年出现在现象级游戏《精灵宝可梦GO》（*Pokémon GO*）中。虽然此类技术远未成熟，但不少公司也将VR、AR技术的组合称为“MR”（Mixed Reality，混合现实）或“XR”（Extended Reality，扩展现实），并和“比特币”“区块链”“NTF”等新词一起，掀起一场创造新概念的壮阔风潮。

在软件方面，回顾历史更令人唏嘘。在美国，“第二人生”见证了美国元宇宙之梦的受挫。资本主义市场经济可以给元宇宙带来短暂的繁荣，但现实世界的经济危机尚未解决，如何期许元宇宙能幸免于难？在中国，被资本吞噬的“第九城市”显然无法承载中国元宇宙的宏图。元宇宙确实可以创造丰富而多样的文化价值，但文化价值是否能转化为经济效益，可能是另一回事。

面对浮夸的元宇宙吹嘘，大家不禁要问：有多少人是在真心追寻理想中的元宇宙？当元宇宙之梦想照进现实时，它是会坚持反资本的初心，还是会成为资本的玩物？赛博朋克小说仿若预言，照见元宇宙与资本的争斗与纠缠。

3

元宇宙幻境：欢迎来到『比真实更真实』的世界？

在日常生活中，人们很容易因辞害义，从字面上理解概念和术语。乍一看，“元宇宙”字义上似乎是某种宇宙，又联想到量子力学中“多元世界”的说法，很可能就直接把元宇宙当作某种“平行宇宙”。而在汉语中，“元”这个字有更为根本的意思。由此看来，元宇宙似乎就是一种真实世界，并且是比我们眼前所见宇宙更为根本的宇宙了。

这完全是错误的看法。有人就主张，把 Metaverse 翻译成“元宇宙”是错误的，应该将它翻译为“后生宇宙”，如此才能把元宇宙对于物理宇宙的衍生性、依赖性表达出来。而在游戏玩家的眼中，未来愿景中的元宇宙堪称“完美幻境”，从感觉上甚至可以说“比真实更真实”。在元宇宙中，人类很容易堕入幻境，分不清真假，那么社会将会怎样，生活又会如何？

庄子逛元宇宙

在《庄子·齐物论》中，有一则大家耳熟能详的“庄周梦蝶”的故事：

> 昔者庄周梦为胡蝶，栩栩然胡蝶也。自喻适志与！不知周也。俄然觉，则蘧蘧然周也。不知周之梦为胡蝶与，胡蝶之梦为周与？周与胡蝶，则必有分矣。此之谓物化。

翻译成现代汉语，大意如是：从前，庄周梦见自己变成蝴蝶，翩翩起舞，悠然自得，感到非常快乐，连自己是庄周都忘了。梦醒之后，却发现自己还是躺在床上的庄周。不知是庄周做梦变成了蝴蝶呢，还是蝴蝶做梦变成了庄周呢？庄周与蝴蝶必然不同。这就叫“物化”。

一场蝴蝶梦，庄子悟出“物化”的道理。如果他有机会到元宇宙中逛一圈，不知道会做何感想？庄子不是刘姥姥，绝不会像进大观园一样不知所措。但是，他会不会说：“不知我是从元宇宙来到‘原宇宙’——原来眼见的宇宙，也可以称为物理世界——了呢，还是从‘原宇宙’来到了元宇宙呢？

通过梦蝶故事，庄子想说：“形而下的万事万物尽管千变万化，但都是形而上的‘道’的‘物化’而已。”庄周也罢，蝴蝶也罢，本质上都是虚无的道，没有什么区别，所以万物都一样，此即“齐物”。按照他的观点，元宇宙（虚拟世界）与“原宇宙”（物理世界）齐一，都是道的衍生物。反过来，万物皆载道，圣人言教有道，蟑螂、蚂蚁和屎尿亦有道，所以元宇宙同样包含道。

按照庄子的逻辑，元宇宙与“原宇宙”的差别都是表面的，讨论二者的差别没有什么意义，重要的是在世间追寻“道”的踪迹。可是，对于芸芸众生而言，人生如梦，谁能保证眼前的一切不是幻觉呢？搞不好，以为自己是人的庄周死后却发现自己真的是一只蝴蝶，或者我们真如《黑客帝国》描述的那样生活在元宇宙中——这也不是没有可能的。因此，思考真实的世界和世界的真实，并不是什么怪诞的想法，而是多数人在人生中会冒出的念头。庄周进入元宇宙的假设，让人想到一些重要的问题：元宇宙、“原宇宙”，哪一个才是真实的世界？真实的世界究竟是什么样子的？元宇宙是真实的世界吗？

众所周知，赛博空间并不是真正的物理空间，并不存在于某个硬件设备之中，也不存在于某个时空坐标之中，而是上网的人想象出来的。上网的人感到自己与其他人同在赛博空间中交流，但实际上大家在物理空间上又是分离的。因此，要是没有人的想象，就不会有赛博空间，也不会存在虚拟交往。

中山大学翟振明教授认为，赛博空间是隐喻意义上的空间。这种说法是很有道理的。更进一步而言，赛博空间是想象空间，或者说幻觉空间。比如我们看心理学主题电影，各种癔症病人、被催眠的人“看到”各种奇怪的东西在某种空间中展开，它们和赛博空间一样，都是人的大脑中的想象空间，是非物理的。

元宇宙既然是赛博空间的一种，那么它同样不是物理真实的，而是想象的虚拟宇宙。《尸子》有云：“上下四方曰宇，往古来今曰宙”。从字面上说，“宇宙”指的是时间与空间的总和。在唯物主义者看来，物质必然存在于时空之中，与运动不可分离，因而“宇宙”与一般所称的“物理世界”大致重合。物理世界是第一性的，与物理世界相对的心灵世界是第二性的，其依附于物理世界。也就是说，没有物理基础，心灵世界是不可能存在的。比如想象空间，必须以大脑的物质存在作为基础；而赛博空间，还需要各种硬件设备作为物质基础。

用哲学的话语来说，虚拟交往的非直观性决定了主体想象力在虚拟交往中的关键作用。在交往主体的个体心理学层次上，想象力表现为某种心理上的假设和预期。元宇宙中的虚拟交往与网络空间中的一样，身处其中的人要想象自己面对的符码和化身背后是一个现实的人，而且这个人处于和自己一样的心理状态下。此时，双方的虚拟交往将和现实交往等效。区块链技术生产的虚拟货币，如果没有足够的集体想象力——所有参与者的想象力——就无法起到与现实货币一样的功用。

1990 年在施瓦辛格版的科幻电影《全面回忆》中，男主人公是一名 2084

年的采矿工人，在元宇宙中化身为一名火星特工，结果他却迟迟不能适应新的身份。但是，随着他逐渐进入角色，并且在火星上受到一系列任务和追杀的影响，他完全忘记自己是工人，反而把以前的工人身份视为被清除记忆之后的虚假身份，而他原来的妻子则被认为是监视他的政府特工，而女特工敌人才是他真正的妻子。也就是说，如果 VR 中的想象深入到一定程度，就可能引发幻觉。换言之，想象与幻觉是硬币的两面。

互联网技术催生网络空间，而虚拟现实技术催生元宇宙。对于多数人来说，元宇宙综合各种新技术，更容易让人产生幻觉。从这个意义上说，元宇宙是更高级的赛博空间。关于这一点，二十多年前，曾有一篇题为《毒品、梦、形而上学和疯狂》的文章，在网上广为流传。彼时，很多人比如心理学家蒂莫西·利里（Timothy Leary）就认为，VR 就是毒品，其和 LSD 的效果一样。换言之，元宇宙越成熟，越容易让人产生幻觉。

幻境世界的本体

在元宇宙中，最根本的东西究竟是什么？如果隐喻将之称为“元宇宙本体”，那么，元宇宙本体是整个世界的根本吗？答案是否定的。

世界中最真实的东西，在哲学上被称为本体，即世界的本原或根本。在哲学史的早期，本体问题是哲学家关注的焦点。他们提出了很多观点，比如水（泰勒斯），无限定（阿那克西曼德），气（阿那克西米尼），火（赫拉克利特），“四根”即火、土、水、气（恩培多克勒），数（毕达哥拉斯），原子（德谟克利特），理念（柏拉图），不一而足。后来，本体不再是哲学理论的中心问题，但哲学家对世界本体的探索一直在继续，又增加了上帝、意志、“绝对精神”等答案。显然，庄子认为本体是一种不可描绘的“道”——“道可道，非常道”。直到今天，何为本体仍然未有定论。在唯物主义者看来，本体毫无疑问是物质。而在老百姓看来，真实的世界是现代科技所描绘的科学图景。

本体如何认定呢？粗略地说，可以从 2 个标准来寻找本体：第一，本体永恒不变，既不能被创造，也不会被毁灭；第二,万事万物都依赖本体而存在，皆以本体为自身的根本。按照这样的标准，在元宇宙中，什么才是最根本的东西，而其他事物都要依附于其上呢?

在《黑客帝国》中，元宇宙本体是“矩阵”(Matrix，又译为“母体”)，是一个超级人工智能系统。在现实中，全面达到人类智力水平的通用人工智能尚未出现，超过人类智能的超级人工智能的出现更是遥遥无期。被大多数人称为“脑机接口之父”的米格尔·尼科莱利斯(Miguel Nicolelis)直言：“我不认为‘机器控制人’会发生，这是一个糟糕的科学幻想。”持有类似观点的科学家、哲学家不在少数。并且，即使超级人工智能的梦想实现，元宇宙本体仍然属于某种存在计算机和机器人中的程序。

当然，程序可能碾压人类，决定人类的命运，甚至灭绝人类。在科幻电影《吾乃母亲》(*I am Mother*)中，AI策划了人类灭绝行动：

> 在未来世界，机器人不断进化，成为一个超越人类智能的单一意识体，可以称之为“母亲”。机器人收到的最高指令是保障人类的安全，而“母亲”发现，人类面临最不安全的因素，是人与人之间的相互伤害，因而策划并启动了人类社会重启计划。
>
> “母亲”先在封闭的类太空舱环境中，保存了数千份优良的人类胚胎，再开始消灭所有不完美的旧人类，然后在太空舱中，“母亲”用人工方法一个一个“生出”人类，再用纯理性、纯科学的方法进行抚育，希望塑造出新人类，准备最后让新人类恢复相亲相爱

的新社会，取代之前丑陋的人类社会。

同时，由于在旧人类清除计划中，地球环境被严重破坏，不再适于人类的生存，“母亲”又启动了地球环境恢复工程，为新人类日后走出太空舱做准备。

但是，程序压倒人类，并不能说明它是比人类更为根本的东西。控制他者，是一个力量问题，而被尊为本体，则是一个形而上学问题。如果以力量论本体，信教的人会认定无法物理检验和证实的上帝才是世界真正的本体。的确，有很多人坚信这种观点，但这显然是一种唯心主义的看法，与现代科学主流所坚持的唯物主义立场相冲突。

在现代科技世界图景中，元宇宙中的程序本体并非世界的本原，它必须依赖物理元件和硬件设施而存在。在现代科学图景中，物理世界是由原子、分子组成的，元宇宙不是物质本身，而是人们想象出来的赛博空间。一旦切断电力，元宇宙中的绚烂幻境，立刻就会烟消云散。换言之，在元宇宙中，我们无法找到本体，无法找到物理上最为真实的存在物。

肉身、化身与在场

在元宇宙中，我们会有一个或多个化身。它们没有固定的外形，可以是人类，也可以是动物、精灵、抽象图案。同一个人可以同时操纵数个化身，同时出现在多个元宇宙场景中，似乎形成某种分身。显然，“化身”“分身”属于隐喻性的说法，它们与人的身体是什么关系？它们是我们身体的一部分吗？

有人说，化身是虚拟身体。这是一种矛盾的说法。作为人类最基本的实存，真实的身体是肉身。在肉身之上，才有第二位的身份和人格。“虚拟出来的身体”并不真正存在，而是心灵想象出来的东西，因此不具备肉身的基本属性。比如说，真身是脆弱的，会衰老和死亡，但化身和分身没有这些特点。所以，想象出来的身体并非真正的身体，或者说虚拟身体与物理身体根本不同。某个化身是一个物理身体的心理表征，与真身没有物理上的直接关系。

在元宇宙中，我们操纵化身与其他化身进行互动，并不会将化身经验作为完整的生命体验，而是作为某种电子游戏中的人物经历。长期身处元宇宙，会扭曲真实的身体体验，肉体的直接性受到抑制。从好的方面说，我们可以从肉身限制中解放出来，从社会身份的限制中释放出来。比如，按部就班的小职员，可以短暂扮演大冒险家。从坏的方面说，没有真身相遇的人类交往质量要大打折扣，导致信任危机甚至犯罪问题。在物理世界中，看清楚对方的脸是很重要的，眼睛是心灵的窗口。元宇宙中的化身相遇，没有真实的脸和眼睛，加上人们可以随意切换身份，改变化身的形象和名字，于是导致大量问题出现。

还有一个问题：我们可以通过化身出现在某个现场吗？ 2020 年 4 月 24 日，美国说唱歌手特拉维斯·斯科特（Travis Scott）在元宇宙电子游戏《堡垒之夜》中举办虚拟演唱会，吸引了约 1230 万名观众，刷新该游戏史上最多玩家同时在线的音乐 Live 纪录。1230 多万名观众的化身，在演唱会中又唱又跳，场面十分火爆。但是，化身在场，真的等同于我们在演唱会的现场吗？

有人认为，在互联网（Web1.0）和移动互联网中（Web2.0）中，主体都只是在线，而到元宇宙则进化到在场，成熟的元宇宙就是要实现某种“临场感”。这是一种似是而非的想法，但又颇具玩味。

在唯物主义者看来，存在与物质不可分割，物质与运动、时间和空间不可分割。当我们讲某物存在时，它必然在某个时空存在，而元宇宙并非真正的物理时空。所以，“我在元宇宙中”并不关涉真正的存在，而是一种隐喻性的说法。我说“我在‘《堡垒之夜》演唱会’的现场”，可严格地说并没有这样一个存在于物理时空中的演唱会现场。

实际上，没有网络之前，在场（Presence）与不在场（Absence）的二元对立是非常清楚的，区别的关键在于直观与否。

按照康德所说："直观只是在对象被给予我们时才发生。"什么是"被给予"呢？哲学的术语容易把人绕晕，简单地说：某个东西在你的面前，你才能直观某物，而除此之外，你对某物的认识都是有所欠缺的，达到不直观的程度。换言之，各种感觉的复合不等于直观。在《十个意识问题》（*Ten Problems of Consciousness*）中，迈克尔·泰伊（Michael Tye）介绍了一个著名的"黑白玛丽"思想实验：

> 设想一下，未来有一名优秀的科学家玛丽，一出生就生活在只有黑白两色的房间中。通过黑白的计算机和电视屏幕，她可以获得真实世界的所有信息。假设在黑白房间中，玛丽知道了人看到玫瑰花、看到日落等现象时发生的所有事情，包括事物的表面状况、反射光线的反射、视网膜的变化、视神经的反应等。但是，当她离开黑白房间，真正看到玫瑰花时，还是会立刻发现关于玫瑰花她仍然有某些东西不知道。

显然，关于某物再多的信息，都不可能等于该物本身。按照辩证法，某物既是有限的，同时又是无限的。这正是"一花一世界，一叶一菩提"的道理。

进一步来说，我们至少可以从两个方向思考直观关系。第一是主体方向。比如，所有人都能直观吗？盲人、聋哑人能直观吗？心不在焉地看是直观吗？第二是客体方向。比如，通过纪录片能直观地球吗？通过情书能完全感受对方的爱吗？待在家里、站在山巅、乘坐宇宙飞船，所看到的是同一个地球吗？不管怎么看别人拍的纪录片，都比不了自己真的坐宇宙飞船到外太空，从外太空凝视地球所受到的震撼。

在场与不在场的区分，主要在赛博空间出现之后才成为重要问题。以往写一封情书寄给女友，你不会问：“女友收到情书时，我到底在不在场？”有了互联网，社交关系才分为在场与不在场。在赛博空间中，在场成为问题，一是因为即时互动，二是因为多媒体互动，使得人们怀疑赛博空间跳出了二元对立，出现了第三种状态，介于在与不在这两个极端之间。显然，这都是有赖于互联网通过即时和多媒体激发主体想象力的优势，主体能想象自己的在场，但想象在场始终达不到直观，并非真正在场。

一些人划分出更多的在场状态，比如天然在场、元宇宙临场、在线、不在场等，这样的划分非常粗糙，缺乏有力的基础和根据。他们的目的很清楚：强调元宇宙的特殊之处，强调“我”在元宇宙中比在传统互联网中“更在场”了。

在元宇宙中，究竟是什么在场呢？化身在场。究竟在的什么“场”呢？你并没有出现在对方的面前，而是两个化身在元宇宙中相逢。当然，这种“相逢”与微信聊天的“相逢”还是有不同的，要不然元宇宙平台“地平线世界”（Horizon Worlds）上被性骚扰的女用户不会说：“这种（不适的）感觉比在互联网上被骚扰更为强烈。”但是，在线与“元宇宙在场”有任何本质区别吗？它们都属于间接在场，属于想象中的虚拟在场，并非真正的物理在场。实际上，在元宇宙中，化身在场与在场和不在场的“距离”相等，而元宇宙话术强调社交在场的一面，而刻意忽视不在场的一面。在上述性骚扰案例中，骚扰者轻易下线跑掉，而被骚扰者可以立刻点击“安全区”（Safe Zone）的保护性泡泡，这与物理在场的真实性骚扰案例的情形是完全不同的。

还有一种看法：我们可以通过化身而遥在（Telepresent）。这种看法对于 VR 语境中化身物理化的情况更有说服力。比如，举办元宇宙 VR 会议，通过全息影像技术将化身投影出来，感觉某人真的出现在外地的会议室中。再比如，在深海机器人采矿中，通过 VR 系统观察海底矿场的状况，处理突发事故，感觉自己真的下潜到深海中。显然，遥在仍然是想象在场，并非真的在场，主体操纵的对象是传输回来的信号，人们只是将之想象为客观的劳动对象。

数字中无永生

一个唯心主义者会认为，精神第一性，物质第二性，物质依赖于精神，世界的本体是精神。那么，在场更重要的是“精神在场”：虽然肉体不能出现在元宇宙中，但我可以“神游”元宇宙。显然，这种说法和“我出现在梦境中”性质是一样的，均非真正在场。

“精神在场”有意思的地方不在于“在场”问题，而是引出了所谓“数字永生”问题：既然人的灵魂比肉身更重要，灵魂存在人就没死，如果灵魂能摆脱肉体“进入”元宇宙中，岂不是可以永生不死吗？可是，究竟怎么进入呢？数字永生主义者认为，人的意识就是高级的、复杂的程序，可以“复制”到计算机和网络上。

科幻电影《超验骇客》（*Transcendence*）中讲述了这样一个数字永生的故事：

天才的 AI 科学家威尔遭遇反科学的恐怖分子暗杀，虽然侥幸逃生，但涂抹了放射性物质的子弹慢慢地销蚀他的生命。在垂死之际，他的妻子伊芙琳和好友将他的意识数据化，然后上传到超级电脑的原型机中。威尔“活”在元宇宙中，他无处不在，拥有了惊人的能力。一开始，他用这些能力保护妻子，躲避恐怖分子的追杀。后来，超级电脑迅速迭代升级，威尔逐渐变得无所不能，权力欲和控制欲也急剧上升，甚至试图掌控整个世界。最终，伊芙琳等人将病毒上传到超级电脑的主机，威尔消失，伊芙琳也被炮弹击中身亡。

按照电影情节，人的意识既可以“上传”（Upload）于无形的赛博空间中，也可以“下载”（Download）到有形的机器人或赛博格体内。这真的能实现吗？很多人认为，人的意识不能还原为计算机程序，因此谈不上什么“复制”，“复制人脑”的说法只是一种想象。在现实中，如此“复制大脑”的技术不仅尚未出现，而且连一点影子都没有。对此，尼科莱利斯评论道：“比如把大脑的想法下载储存在光盘或云端，或者将大量信息上传到大脑（如学习一门新语言），这些假想都永远不会发生。”人的意识与大脑的活动，是世界最难解的谜团，人类迄今对此了解得还很少。在可以预计的将来，像软件一样“复制大脑”的技术仍看不到任何希望。

如今科学家在探索的数字永生技术，走的不是上述“复制大脑”的路线，而是模拟思维方式的路线。按照罗斯布拉特的说法，数字永生技术要创造思维克隆人（Mindclone），是真实人类意识的“数字等价物”。究竟怎么“克隆”呢？目前已被采用的方法很简单，商家广泛使用的数字画像原理和罗斯布拉特所讲的“克隆”基本上是一样的。

我们天天在网上买东西，买什么、怎么买、用什么购物 App、出了问题怎么解决……这些信息都可以被商家用来分析你的购买行为，然后将购买行为分解成一些参数给你“画像”。然后，平台就能有的放矢地给你“投喂”广告。

然而，罗斯布拉特的“克隆”，不光分析你的购买行为，更主要的是从微博、微信等社交媒体上“扒取”你说过的话，加上你电脑中的所有资料：照片、看过什么书、写过什么东西、浏览过什么网站……通过分析你在元宇宙所有的数字痕迹，解读你是一个什么样的人，然后用程序模拟你的语言和社交行为，好像“复制”了你的意识一样。

即使你去世了，你的“思维克隆人”还活着，可以和你的儿孙“说话”。据说，推特现在已经有类似的服务，让已逝之人继续“发”推特。显然，逝者并不是真的会说话，“说话”的是“不死”的程序。对不对？

这就是目前所谓的数字永生的技术路线。数字画像是商业游戏，和逝者“说话”是情感游戏，都要收费，都没有什么神奇之处。但是，一些人宣称，“思维克隆人”是有意识的，而且它就是你的意识，它应该被算作人类，甚至代表着你永生了。

迄今为止，“什么是意识”仍是一个众说纷纭的问题，而关于计算机是否有意识的争吵更是无比混乱。退一步说，就算 AI 有意识，“思维克隆人”

就真的是逝者的意识吗？罗斯布拉特的论证逻辑非常简单："我"就等于我的人格，"思维克隆人"和"我"的人格一样，因此它就是"我"；而人格等于一些参数，比如自律性、独立性、稳定性、聪明度、合群度等，可以通过"我"在元宇宙中的数字痕迹分析得出数字，然后进行 AI 建模，"我"就由此被"复制"出来，只要将结果上传到元宇宙中，"我"就可以永生了。

可以看到，如此数字永生与中国传统文化所讲的"长生不老"完全不搭界。"长生不老"的标准是肉身与灵魂同时不朽，而数字永生只追求"复制意识"，既放弃了肉身，又不关心灵魂。

由 AI 建模得到的所谓"意识"，显然与你的灵魂基本没有关系。对不对？首先，人格只是一种理论，对此一直存在质疑的声音。很多人认为，人不存在稳定的人格，人的思想和行动是偶然的。其次，人的性格会不断变化，与肉身经历直接相关。复制出来的"思维克隆人"如何产生变化呢？即使可以变化，变化之后的它，还是你吗？"思维克隆人"有没有人生？就算有，也不意味着等同于被复制者啊。再次，人格与人的肉体相连，这叫作具身性。比如，人在身体遭受巨大创伤后，性情可能大变。"思维克隆人"没有肉身，只是附着于机器上，如果机器坏了它的思维会发生变化吗？第四，需要多少变量才能准确描述人格，究竟用哪些变量来描述人格，这些问题没有一致的答案。最后，自律性之类的人格变量怎么提取呢？比如，人们很难在每个方面都保持自律，这为人格变量的提取增加难度。因此，人格建模别说复制意识了，想要真正实现意识的功能映射都难以做到。

更重要的是，我们为什么要用这种方式实现"永生"呢？元宇宙用户去世后，他在元宇宙的化身仍然存在，所有生前在其中活动的痕迹都是分布式记账的，不可能完全删除。元宇宙可以根据这些痕迹，分析逝者的性格，编写程序对其进行模仿，然后将成果出售给思念逝者的亲朋好友来赚钱。从某种意义上说，一个人曾经存在过的痕迹无法被完全消除。此类数字永生，对于逝去的人有任何好处吗？你会选择如此备份自己吗？你同意授权后代或他人对你做这件事吗？如不同意，难道还需要在个人遗嘱中特意强调吗？

有人说，如果以这种方式“复活”苏格拉底，就能直接和苏格拉底交心、寻求建议，多好！真的好吗？苏格拉底没有使用过互联网，没有数字痕迹，因此这种“复活”并非还原苏格拉底，而是用他流传下来的言论进行建模，制造“虚拟人”苏格拉底，根本谈不上是“复活”。显然，虚拟的苏格拉底仅仅是个数据库，人们可以问它苏格拉底的某句话出自哪本书，但要问它如何看待互联网，它的回答绝对是语料拼凑的，因为苏格拉底没有用过互联网。

通过脑机接口上传人的意识的技术，估计在未来一百年内还将处于科幻阶段。至于把上传的人的意识，下载到另一具肉体或机器中，实现“附体”，更是一种绝对的狂想。就算这样的想法真的实现，如此数字永生结果是什么呢？很显然，结果肯定是：富人永生，穷人不配出生。

美剧《上载新生》（*Upload*）讲的就是这样的情况：将死去的人的意识上传到元宇宙，并因此得以永生。在元宇宙中，各种升级服务是要收费的。免费用户住在棚户区，付费用户住豪宅。免费流量是有限的，流量耗尽，永生意识会被冻结，等有人充值才能“复活”。你想一想，这是天堂还是地狱呢？永生永世受穷，是不是不如烟消云散，或者重新“投胎”好呢？

从本质上说，科技资本主导的数字画像式数字永生，试图将人的社交、情感和网络痕迹商品化，主要通过模拟人类行为来赚钱。估计在元宇宙中，很多人会向你推销类似的产品。

人类意识不仅等于复制或记忆，还等于删除和遗忘。我们之所以是人，并不是因为我们能复制一切，而是因为在某种神圣目的之下，我们会不顾其他因素的干扰，走自己的路，完成自己的命运和使命。当我的路走完时，死亡将一切遗忘，将一切掩埋。这难道不好吗？

虚实混淆元宇宙

包括元宇宙在内，所有的赛博空间都并非真实的物理空间，而是人类想象出来的虚拟空间。迈克尔·海姆（Michael Heim）认为，真实世界有3个特点：第一，世界有生死始终；第二，世界是过程性或暂时性的；第三，世界中的生命是脆弱和不确定的。显然，元宇宙没有这些特点。虚拟人不会死去，不知道害怕，一切事情都可以重启和再来。

很多人会问，元宇宙中的化身、房屋、NPC、道路、英雄、怪物，难道不是某种虚拟实体（Virtual Entity），或者虚拟现实（Virtual Reality，亦称虚拟实在）吗？所谓虚拟实体、虚拟实在、虚拟现实之类的说法，都是似是而非的，存在着根本性的矛盾。虚拟就是虚拟，实在就是实在，两者是相悖的，怎么会有“虚拟实在”“虚拟现实”“虚拟实体”呢？虚拟的东西就不应该是实体，而实体就不应该是虚拟的。对不对？

按照《韦氏词典》的说法，“虚拟实在是实际上而不是事实上为真实的事件或实体”。什么是“实际上真实”，什么又是“事实上真实”呢？在唯物主义者看来，这只是一种文字游戏，“实际上真实”并非真实，而是肉眼看起来真实，因此把它当作真实而已。不能说取名为“虚拟实在”，它就真的“实在”了。这就如同元宇宙带有“宇宙”二字，并不能说明它真的就是某种宇宙了。

同样，元宇宙中的事件并非真实发生的事件。比如，你在元宇宙中挖到了宝藏，但你并不是真的得到了黄金珠宝，这只是一系列的图像和感觉事件，需要人的想象作为辅助，元宇宙事件才好像“发生”了。当然，人在元宇宙中的活动会导致某种真实的后果，比如账号没钱被踢出来了，但这样的后果并非所谓的虚拟元宇宙事件，而是发生在真实的物理世界当中。

从根本上说，把元宇宙及元宇宙中的东西、事情当作真实的，多少都是带有唯心主义倾向的观点。比如，某些唯心主义者认为数字更为真实，就可能认为二进制数字衍生出的计算机程序才是世界的真相。不过在现实中，很多人试图说元宇宙里的东西是实在的，并非坚持某种主义，而是为了经济目标——说服人们相信“元宇宙中的东西是实在的”，人们才更有可能参与买卖活动，元宇宙产品才更有可能成为某种财产。对不对？

比如说，《西游记》盛行这么多年，我们没有问孙悟空是不是虚拟人，或者他究竟是不是实在的。现在元宇宙来了，有人说自己在《王者荣耀》中的游戏角色孙悟空，未来通过区块链技术可以出现在《魔兽世界》中，与人族英雄瓦里安决一雌雄。此时，我们才开始讨论这样的孙悟空是不是比“虚拟”多那么一点，成为“虚拟实在”了，甚至实在到“物化”了。不过，这实际上不是“物化”，而是希望可以通过交易，实现我的“孙悟空”的资产化。

总之，元宇宙属于想象的虚拟世界。在赛博空间中，人的想象力作用是使人沉浸其中，沉浸性是所有赛博空间的根本特征之一，网络空间、元宇宙均是如此。如果没有沉浸性，所有的赛博空间都会烟消云散。

沉浸有程度上的区别，网页沉浸较浅，而 VR 可以使人深度沉浸，元宇宙则可以达到全身沉浸，这是元宇宙最重要的特征。网页沉浸主要依赖文字、声音和图片来吸引人，而虚拟头盔屏蔽了真实世界，试图用 3D 视觉、触觉、压力、味觉和嗅觉等，将虚拟现实变得比网络空间更加完备，更加“真实”，将人更深地拖入赛博空间中。所以，VR 技术的实质是屏蔽性的超级多媒体，虚拟现实是高级电子空间，而元宇宙是它发展的极致形态。

元宇宙更高级，而这说明它会导致更深的沉浸。从网络空间到元宇宙，即从局部沉浸升级至全身沉浸。如果没有幻觉，元宇宙就不是元宇宙。很多人鼓吹的所谓“虚实融合”，实质上是持续的幻觉状态——某种真假混淆或真假不分的状态——与药物致幻剂的效果极为相似。

并且，元宇宙是人主动创造出来的人工空间或虚拟空间，完全依赖于人的想象力而存在，因而吉布森称之为“自愿的幻觉”。长期使用计算机，慢慢习惯于赛博空间中的生活，就可能迷失在 VR 幻境。元宇宙的兴起，导致这种迷失的可能性急剧加大。

通过计算机、VR 等设备看世界，似乎各种事物都无比清晰，甚至“比真实更真实”，各种文字、数据和模拟都得到精确的控制，但人们看到的并非真正的世界。比如，吴宇森的科幻电影《双子杀手》采取 120 帧拍摄方式，以 4K 高清方式呈现，还加上惟妙惟肖的真实 CG，极大地丰富了电影画面的信息量，消除拖影现象带来的画面模糊感。在现实中，人眼看东西无法做到如此清晰，尤其是高速运动的物体，如一颗子弹击中目标。这就是“比真实更真实”的效果，画面绚烂，但却不是真实的状况。这就像美颜手机拍出来的自拍照更清楚、更漂亮，但并不是自己真正的长相。沉迷于元宇宙“比真实更真实”的效果，人们慢慢地会精神恍惚，最后可能变得忘乎所以，不知道今夕何夕，忘记身在何处，甚至连自己是谁也搞不清了。

因此，海姆认为，“界面所带来的最大危险，在于我们有可能与内心世界失去联系”。而吉布森则批评赛博空间是“无限的牢笼”，为什么呢？赛博空间没有尽头，电子科技没有限制。在某些人的愿景中，未来元宇宙正是要突破物理时空的限制，成为无边无际、无始无终的“极乐世界”。

当元宇宙的人完全进入虚实不分的状态时，那么区别真假对于他已经完全失去意义。真实不是存在不存在的问题，而是根本不值得去寻找。只要能让我舒服就好，管它真假。当真假混淆之时，探索世界真理就无从说起。说什么真理呢，对我有用就好。

在《异次元骇客》的结尾，作为非玩家角色的黑人警察说了一句话：“我不管这个世界是真是假，只要求你们不要来骚扰我们的生活，破坏我们的秩序。”他说的就是这个意思。经典科幻电影《黑客帝国》便是对于元宇宙的极致想象。在《黑客帝国》中，看似美好富足的元宇宙，不过是给机器人供给能力的程序矩阵。

《黑客帝国》和《阿凡达》，都受到《异次元骇客》的灵感激发，《异次元骇客》艺术地再现了元宇宙中的虚实混淆。

故事从1999年洛杉矶开始，虚拟现实的设计者设计了VR中的1937年的洛杉矶，场景惟妙惟肖。设计者经常戴上头盔，到VR中与他设计的美女幽会，花天酒地。有一天，他刚回到1999年就突然死去，他死前在VR中留下一封信给男主人公，似乎预料到自己会被杀。

于是男主进入VR展开调查，他一直没有看到那封信，但他发现VR中1937年的“人”都是有思想、有灵魂的，这些“人”并不知道自己是化身，然后他明白了为什么1999年的现实中有人要极力关闭这个VR。后来，1937年的VR中有“人”发现自己其实是化身：他开车来到世界的尽头，而尽头是没有渲染的电脑设计线，这是设计者没有设计好的地方。

此时，男主遇到很多奇怪的事情，而且被人追杀，VR中的酒保居然从1937年来到1999年的真实世界。男主开始思考自己究竟是VR还是人类，他开车到世界尽头找到了真相。他也是2024年洛杉矶某人的化身，设计者正是由他在被本主操纵之下杀掉的，而他根本不记得这事了。设计者在1999年VR中留下的信，内容正是揭露1999年的洛杉矶也是VR的真相。

最后，经过一系列的阴差阳错，男主来到2024年的洛杉矶，与女主人公幸福地生活在一起。不过，2024年的洛杉矶可能也是VR，否则他怎么能在本主死掉后，自动来到2024年的世界呢？

简单地总结剧情：元宇宙 1 中的设计师制造元宇宙 2，元宇宙 2 中的设计师制造元宇宙 3，如此可以至于无穷。本主和化身可以相互替换，穿梭于不同的元宇宙中，大家都有意志和灵魂，大家都追求自由和爱情。那还有什么真与假、虚与实的区分呢？完全没有。

世界与真理之死

在元宇宙幻境中待久了，真假幻境的状态可能转为怀疑真实世界的极端情况。此类状态一旦流行开来，可以隐喻地说，物理世界可能枯萎，甚至走向死亡。

如果进一步追问，物理宇宙或我们生活的（人）世间，难道不是沉浸的结果吗？难道不是某种超出全身沉浸的沉浸，才让人感受到物理世界的实在性吗？或者说，实在性即为沉浸性。如果世界等于完全的感觉沉浸，那么感觉被切断后，世界便会消失。某些宗教修行者，通过某些技术性的方法，切断受想行识，而观想某些虚幻场景，谓之“转境”。而这些修行者认为，与之相对，世人皆以所作为真，沉浸所作之中，须臾不离。因此，可以把这种沉浸称为实在沉浸，这是比全身沉浸更高的阶段。

对此，唯心主义者可能会说：虚即为实，世间因此而生。这就是陆九渊想要表达的：“宇宙便是吾心，吾心即是宇宙”。在当前的“元宇宙热”中，谁是最火的哲学家？非王阳明莫属。昔日山中观花，王阳明叹道：“你未看此花时，此花与汝同归于寂；你来看此花时，则此花颜色一时明白起来。”在唯物唯心的哲学路线斗争中，此典长期被用来批评王阳明主观唯心主义的错误世界观。而元宇宙依赖于人的想象力而存在，从某种意义上说，它正是主观唯心主义的幻境。因此，王阳明的论断“宇宙便是吾心，吾心即是宇宙”便在“元宇宙热”的趋势下被大家翻出来，着实“蹭”了把热度。

很可能，有一类实在沉浸至极的人，完全无法意识到赛博空间的存在。同样，有一类无法沉浸或摆脱实在沉浸的人，完全无法感受到世间的存在。其中一些这样的人，已经成为觉者。很可能，那些全身沉浸至极的人，同样完全无法感受到世间的存在。但是，他们不会成为觉者，而更可能走向幻灭。在《黑客帝国》中，叛徒赛弗不愿在物理世界中生活，情愿做机器人的电池，只为换取感官的全身沉浸。

此时，人们不再讨论元宇宙和物理世界一样“真”，而是在说物理世界和元宇宙一样“假”。换言之，世界开始死去，鲍德里亚称之为“完美的罪行”。

按照鲍德里亚的观点，包括元宇宙在内的数字虚拟物都是拟真（Simulation）之物，属于超真实（Hyperreality）的存在。拟真不仅意味着对原本的摹仿，还发展为没有原本的摹本即拟像（Simulacra）。拟像完全由符码模型衍生出来，其价值不再由逼真度所决定，而取决于符码之间的关联、替换和结构。换言之，原本和真实变成了被编码的、可以无限复制的东西。此时，“拟像不再是对某个领域、某个指涉对象或某种实体的模拟。它无需原物或实体，而是通过模型来生产真实：一种超真实。”

作为高级拟像，元宇宙所创造的虚拟世界将与自然造化相媲美。于是，高科技完美“谋杀”了实在，即遮蔽了真实世界。换言之，人沉迷于虚拟物，忽略真实物；人感受虚拟经验，忽视直观经验，陷入对世界的幻觉，此为鲍德里亚口中的“完美罪行”。

如果真实世界死去，研究真理和真相的知识如何还能存在呢？在古希腊哲学中，人们就区别了意见（Doxa）与知识（Episteme）：在各种各样的意见之中，那些为真的意见才能算得上知识。当元宇宙幻觉走到极端，世界没有了真假，知识也会随之枯萎，甚至最终死去。

当然，“知识之死”并不意味着元宇宙兴起导致“知识”之名消失，而是说：传统求真知识萎缩，元宇宙知识并不是以往认定的知识。第一，传统知识要探索真理，现在真理消失，元宇宙知识的目标是解决问题，而不讨论真假。第二，传统知识是纵深运动的，因此它会越来越深刻，而元宇宙知识是平面运动的，不存在什么透过现象看本质，更不会关心形而上学的讨论。第三，传统知识强调抽象化、逻辑化、体系化，而元宇宙知识关心的是传播，主要通过更合理的数字化和编码化策略在网络上吸引更多的注意力，因而不再是晦涩难懂的。第四，传统知识生产完全依赖于人的创造力，而元宇宙知识将很大程度上依靠机器尤其是 AI 的自动化运作，具有高效涌现、流水作业和标准产出的特征，因而不再仅仅被少数精英所掌握，而是被更多的老百姓理解、接受和使用。

因而，在元宇宙中，知识不再是崇高的名词。它与信息、常识之间的传统区别逐渐会被拉平，不再是高高在上的秘传真理，而是社会活动的直接指南。越来越多的人会开始相信，知识是一种力量，掌握知识意味着获得更多的权利，对知识的传统真理尊崇将消失，取而代之的是以对知识力量的威权尊崇。

最终，元宇宙将消解知识的概念，传统知识论将彻底衰落。在《泰阿泰德篇》中，苏格拉底将知识本性锚定于真理。在中世纪，知识的真理性奠基于上帝，最高知识是上帝赐予的天启知识，上帝保证真正的知识是永恒的真理。笛卡尔之后，尤其是康德，将知识的真理性奠基于主体所拥有的特殊的认知能力。从此，知识论转变成认识论，“知识是什么”的问题转变成“主体是如何认识世界”的问题。虽然对于知识本性的回答各不相同，但各家各派均赞同知识有其特殊基础，不能混同于一般意见。

当知识在元宇宙中走下神坛，随之被质疑的将是知识的特殊基础。知识不再被视为拥有不同于一般意见的特殊基础或本性，而只是在一定范围内有效的某种观点或信念，与其他意见并无本质上的差别。知识的真理讨论将逐渐被抛弃，代之而起的是知识的实用研究，最重要的是类似“知识有什么用”“如何拓展知识的用处”的实用问题。此时，可以隐喻地说，知识“死”了。

4

元宇宙资本主义：越享受，为什么会越空虚？

有些人认为，沉迷于 VR 可能和吸毒的效果差不多。为什么呢？在未来愿景中，元宇宙营造的“比真实更真实”的完美幻境，究竟是什么呢？人们在元宇宙中达到全身沉浸，那沉浸其中的究竟是什么呢？

答案很清楚：感觉。在元宇宙中，人获得的是纯粹的感官体验，全身沉浸于感官享受中。换言之，元宇宙幻境，感觉至上。笛卡儿有句名言：我思故我在（I think，therefore I am），而在元宇宙中，则是“我感觉我存在”（I feel，there I am）。当人完全被感觉所俘虏时，就可能被虚无所吞噬。

尹氏老仆与技术涂层

在《列子》中，有一则“昼为仆虏，夜为人君”的故事：

周之尹氏大治产，其下趣役者侵晨昏而弗息。有老役夫筋力竭矣，而使之弥勤。昼则呻呼而即事，夜则昏惫而熟寐。精神荒散，昔昔梦为国君。居人民之上，总一国之事。游燕宫观，恣意所欲，其乐无比。觉则复役。人有慰喻其勤者，役夫曰：“人生百年，昼夜各分。吾昼为仆虏，苦则苦矣；夜为人君，其乐无比。何所怨哉？”尹氏心营世事，虑钟家业，心形俱疲，夜亦昏惫而寐。昔昔梦为人仆，趋走作役，无不为也；数骂杖挞，无不至也。眠中啽呓呻呼，彻旦息焉。尹氏病之，以访其友。友曰：“若位足荣身，资财有余，胜人远矣。夜梦为仆，苦逸之复，数之常也。若欲觉梦兼之，岂可得邪？”尹氏闻其友言，宽其役夫之程，减己思虑之事，疾并少间。

这则故事的大意是说：周朝的尹氏善于经营，他手下的仆役从早干到晚，得不到片刻休息。有个老仆干得筋疲力尽，可还是不停地被人使唤。他白天干活干得气喘吁吁，累得晚上睡得像死猪一样。他白天精神不振，每天夜里却梦见自己当上了国君，万人之上，管理一国大事，住宫殿、游花园，想干什么就干什么，快乐无边。可是，一觉醒来又得干活！有人安慰他，说白天太累，晚上就会做安逸的梦。尹氏老仆说："人生百年，白天黑夜各一半。我白天做奴仆，苦是苦了点，但夜里做国君，无比快乐。我还有什么可怨恨的呢？"而尹氏一心想赚钱，时刻想着万贯家财，心身俱疲，每晚也是累得呼呼大睡。他每晚都梦见自己成了仆役，被人使唤，什么活都得干，挨打挨骂，受罪不少。他一边做梦，还一边痛苦地呻吟。尹氏为此痛苦不堪，便去询问朋友。他的朋友说："你的地位给你荣耀，你的财产用之不完，你的荣华富贵已经远超别人，可你黑夜梦见自己变为奴仆。这一苦一乐的循环往复，难道不是自然的定数吗？老想着梦中也要与梦醒时一样快乐，那怎么可能呢？"听了朋友的这一番话，尹氏放宽了对仆役的要求，内心的焦虑也得到缓解，最后老仆和他都没有以前那么痛苦了。

尹氏老仆的故事说明什么？工作太紧张，生活太无趣，人会过得很痛苦，此时哪怕做个美梦也好！虽然梦是假的，但是可以减轻现实的痛苦。对不对？元宇宙同样可以起到这样的作用，可以成为每个人的白日美梦。你需要做的，仅仅是戴上 VR 眼镜，全身心地沉浸在元宇宙中，解放自己的想象力，将注意力集中于感官上。

元宇宙能给人"比真实更真实"的感官享受，让人感到某种奇怪的快感或自由的感觉。在科幻电影《全面回忆》中，男主人公进入元宇宙中，原本是普通的矿工，一下子成为武功高强、本领高超的特工。在科幻电影《头号玩家》中，男主人公飞车技艺高超，能纵身跳下高楼，而现实中他却是个连车都买不起的穷小子。只要戴上头盔，穷小子就可以在美女堆里左拥右抱，坐轮椅就可以追上猎豹，男人若想变为女人立马就可以实现——不光是变性，做狗做猫，做神做鬼，都是分分钟的事情。

在元宇宙中，“人造”感觉的原理是使用技术工作深度介入人类感官，从而重塑或虚化现实。所以，任何一种增强现实的技术同时也是削弱现实的技术。类似的技术介入感官问题，早已有之，并非全新的讨论。科学哲学讨论测量工具对主体与对象关系的改变，比如在微观粒子测量中维尔纳·海森堡（Werner Heisenberg）测不准定律的哲学意义的研究。在技术哲学中，以具身性为核心，唐·伊德（Don lhde）运用现象学方法对“人－技术－世界”的关系做出过经典的分析。

现在的问题是：技术介入感官，是否应该受到批评。元宇宙能让人暂时忘却现实的痛苦和残酷，可以算是某种“精神安慰剂”。但是，有时候安慰剂可能成为“精神鸦片”。穷人在元宇宙中体验富人的生活，从此不愿意下线了，永远在元宇宙中当一个假的富人，永远忘记“原宇宙”中的现实生活。因此，有人批评元宇宙可能扮演“技术涂层”的角色，即元宇宙可以粉饰太平，用假的完美社会掩盖真实社会的阴暗面，从而缓和矛盾。甚至还有人说，富人搞元宇宙，是想给穷人一些假的东西，通过元宇宙来减轻自己的罪孽感。

不管人们是否同意类似的“元宇宙涂层说”，它都正确地指出一点：元宇宙是可以作为一种资本主义阶级统治的技术工具，为其统治阶级的统治稳定服务的。关于技术的此类作用，赫伯特·马尔库塞（Herbert Marcuse）早就指出过：“资本主义进步的法则寓于这样一个公式：技术进步＝社会财富的增长（社会生产总值的增长）＝奴役的加强。”在资本主义社会中，技术进步带来生产效率的大幅提高，使人们的生活水平得到极大改善，从而使反对的声音被否定。这种否定达到了如此彻底的程度：人们甚至失去了设想替代性选择的能力，想不出一个比现行社会更好的社会。在马尔库塞看来，剥夺国民的批判能力是发达工业社会最为突出的成就。按照马尔库塞的逻辑，“元宇宙涂层”显然是技术帮助统治者的最新案例。

必须指出，马克思主义认为，新科技在资本主义社会帮助资本家统治无产阶级，是它被资本异化的结果。从本性上说，科学技术是革命性的力量，推动着生产力不断向前发展。但是，在阶级社会，科学技术被资本家控制，成为阶级统治的工具。在社会主义社会中，新科技将从异化中被解放出来，为无产阶级的解放服务。

纵欲的机器

元宇宙能够让人快乐，暂时忘记烦扰。再往前一步，它可能诱导人们将快感当作一切，无节制地追求感官享受，走向纵欲的极端。简言之，从“技术涂层”到“纵欲机器”，在元宇宙中只差小小的一步。

在《黑客帝国》中，叛徒赛弗把快感当作一切，不惜出卖战友。在出卖墨菲斯之前，赛弗与虚拟人史密斯去虚拟豪华饭店吃饭。他吃着上好的牛排，抽着雪茄，告诉史密斯自己想再次回到矩阵。他说：“我知道这块牛排并不存在。但是，当我把它放到嘴里的时候，矩阵就会告诉我的大脑，这块牛排多汁而且美味。过了九年的苦日子，你知道我弄懂了什么吗？无知是福。”管他什么是非真假，满足自己的快感就对了！整个矩阵，便是一个被快感支配的世界。

然而，矩阵中的生活虽然快乐，但却是虚假的，被矩阵圈养和控制的，完全就是普特南在《理性、真理和历史》所讲的“缸中之脑”。

读者可以想象一下：一位邪恶的科学家，将你的大脑取出，放置于一个营养钵中，这样大脑可以继续存活。然后，邪恶科学家将大脑的神经末梢与计算机相连，向大脑的神经末梢发送指定的电子脉冲信号，让大脑以为一切如常，世界还是一如既往地真实存在。

进一步，如果所有人的大脑都连接在一个超级 AI 上，共同生活在一个不存在的元宇宙中，虽然没有嘴巴和舌头，但是大脑之间却可以彼此“通话”。

亲爱的读者，你愿意做一个“快乐的缸中之脑”吗？估计愿意的人不多，只是想想那个场景都觉得恐怖，对不对？更重要的是，邪恶的科学家为什么要让“缸中之脑”快乐地活着，对“它”（我觉得真要这么干，基本上可以说禽兽之行了）有什么好处呢？很可能“它”会让“缸中之脑”生不如死，甚至想死都死不了。科幻电影《源代码》（*Source Code*）就讲述了一则“缸中之脑”摆脱控制的故事：

男主人公曾是美军飞行员，在阿富汗执行任务时被炸得只剩下了小部分的上半身，但他的大脑还在正常运转。美国政府宣布了他的死讯，偷偷将他接入电脑做了“缸中之脑”，用来查案。男主人公的意识可以通过特殊装置，反复进入一辆列车爆炸案中遇难者的意识中，但每次只能回到爆炸前的 8 分钟。这就是所谓“源代码”的政府实验项目。

> 因此，男主人公的任务就是一次次回到爆炸现场，调查这起爆炸案的凶手，以阻止凶手宣称的6小时之后要在芝加哥市中心制造的更大规模的恐怖行动。男主人公一次次回到爆炸前的8分钟，一次次经历惨景，一次次被“炸死”。他祈求女操作员能让自己死去。最后，女操作员帮助男主的意识逃到网络上，并关闭了“缸中之脑”的生存维护设备。

在另一位思想家罗伯特·诺奇克（Robert Nozick）的笔下，即使元宇宙是“快乐机器”，人们也不应该用它代替真实的生活。1974年，在《无政府、国家与乌托邦》中，他如此问道：

> 假设有一种将给你任何你所欲的体验的体验机。最出色的神经心理学家能刺激你的大脑，使你觉得你正在写一部巨著、正在交朋友或读一本有趣的书。而你在此期间实际上一直是漂浮在一个容器内，有电极接着你的大脑。你应当进入这一机器的生活，编织你生命的各种体验吗？

诺奇克的回答是否定的，他给出了3个理由：

> 第一，我们想要亲身去做某些事情，而不是仅仅拥有做这些事情的体验而已……

不插入机器的第二个原因是我们想要一种确定的方式，成为某种确定的人。漂浮在桶里的一个人是一个不确定的斑点。一个一直生活在桶里的人是什么样的，对于这个问题，不会有任何答案。他勇敢、友好、诙谐、有爱心吗？这不仅很难回答，而且也没法回答……

第三，插入经验机器把我们局限于一种人造的现实，局限于一个和人们可以建造的世界一样深奥、一样重要的世界里面。与任何更加深奥的现实没有实质性的联系，尽管他的经历可以被各种信息刺激。

总之，诺奇克反对把感觉当作一切，主张超越个人快感的束缚，追求更高的东西，创造人的价值。把人生的意义完全系于欲望的满足，是非常低等的，与动物差不太多。

在现实中，不乏把快感视为一切的享乐主义者、纵欲主义者。从互联网诞生开始，“黄赌毒”一直是其中难以铲除的毒瘤。可以预计，在元宇宙中肯定也会如此。元宇宙游戏《第二人生》一上线，赌博随之流行，这类乱象被治理几次后转入地下。至于色情和毒品，一直都是比比皆是。除此之外，追求欲望满足，也导致暴力、欺诈、极端思想和变态行为在元宇宙中变得普遍。在元宇宙游戏《我的世界》中，玩家的主要任务是赚钱，可以采矿获得资源，结果游戏中到处都是暴力抢劫，比战国还“战国”，活脱脱一个“动物世界”。

为什么呢？究其根本，无论元宇宙平台本身目的是什么，多数用户只是想寻求刺激和娱乐。

享乐主义的猪

穆勒说："做一个不满足的人总比做一只满足的猪要好得多；做不满足的苏格拉底总比做一个满足的傻瓜要好得多。"可是，沉迷于元宇宙幻境中的人，未必会赞同穆勒的观点，因为沉迷元宇宙是如此快乐，比手机更容易让人成瘾。

元宇宙成瘾的人，本质上是沉迷于欲望的人。亲爱的读者，您可以想象一下：在元宇宙中，纵欲的人会处于一种什么样的状态。然后，再想想：我愿不愿意做一只"享乐主义的猪"——元宇宙上瘾者呢？

第一，"享乐主义的猪"没有耐心，什么都要快，最后陷入空虚。

在元宇宙中，信息快速流通，场景快速切换，欲望满足快速。在元宇宙中，没有物理世界的时间观，时间是以某种感觉刺激的出现为界限的。在元宇宙中，不存在物质匮乏的问题，到处是唾手可得的装备，欲望被即时满足。长期沉迷元宇宙，会潜移默化地失去耐心，习惯于在最短的时间内最大限度地得到好处。

欲望得到快速满足之后，接踵而来的是巨大的空虚。反过来，越是觉得空虚，越是忙着寻找更多的欲望满足。如此不断循环，人逐渐迷失，完全沦丧于“快乐机器”中，越来越空虚，不知道生命的意义何在。在元宇宙中，当人感到空虚时，他们便不能耐心和长辈交谈，不能耐心体验真实生活，很可能转向一些快捷的慰藉，听信各种流行说教、“心灵鸡汤”，容易加入可疑的“暗黑”组织。

第二，“享乐主义的猪”不会区分真假，喜欢暴力。

元宇宙上瘾之后，越来越分不清真假。人分不清真假之后，会把一切当作娱乐，对什么都满不在乎。一些人越来越痴迷于窥探别人的生活，以此满足畸形的欲望。而另一些人则越来越喜欢在元宇宙中暴露自己的隐私，甚至把全天的“吃喝拉撒”都搬到元宇宙中，任人“观赏”。一些人则习惯于说谎，把生活完全变成了表演，甚至分不清本主和化身到底哪个才是自己，陷入精神疾病中。在元宇宙中，更多的人把以往严肃的事情，如战争、宗教等，都视为娱乐，以围观的心态“看热闹不怕事大”。

更可怕的是，元宇宙游戏玩多了，人们可能越来越习惯暴力，动辄用暴力解决问题。屏幕上出现暴力内容，会被他们当作显示屏上虚拟的内容，并不认为是真实发生的事情。很多专家指出，美国枪击事件频发，很多是受到电子游戏的刺激，不少暴徒从电子游戏中学到某些暴力技能。元宇宙游戏更为逼真，因此应该受到更严格的管制。

第三，“享乐主义的猪”既崇拜元宇宙，又害怕元宇宙，最终把元宇宙当作“欲望玩具”。

天天待在元宇宙中，把它当作整个世界，容易产生“救世主”之类的盲目崇拜。崇拜者坚信元宇宙能解决所有问题，遇到问题就毫不思索地向元宇宙求助，无条件地相信元宇宙给出的信息。同时，“享乐主义的猪”无法理解整个元宇宙运行的机制，他们觉得元宇宙笼罩了一切，隐隐感到某种对它的恐惧。

在崇拜和恐惧的矛盾情绪中，元宇宙上瘾者把元宇宙当作“欲望玩具”，拼命在元宇宙休闲中索取满足，反过来却被休闲所束缚。巴雷特认为，休闲不是琐碎的追求，不应该与工作毫不相干，不是填补混乱生活的空虚，而是一种最完美、最丰富的生活方式。所以，休闲与人生意义和目的紧密相连，并不仅仅是消磨时间。休闲需要宁静的、耐心的、倾听的、开放的心。显然，元宇宙的休闲完全不是如此，它并不能让人得到真正的放松，而是陷入欲望之中变得越来越紧张。

第四，“享乐主义的猪”把别人当工具，对一切都越来越冷漠。

在元宇宙中，纵欲盛行，结果可能导致所谓“社交之死”的状况：元宇宙中的社交并非真正的社交（如心灵沟通、情感交流、公共空间形成等），而是以感官享受为目标的工具行为，即主体将社交对象视为纵欲的工具，时刻想着从对方那里获得好处，以满足感官享受。此时，人与人之间的关系，纯粹变成利用与被利用的关系。并且，人们在元宇宙通过化身交往，面对面交流逐渐消失，这会导致现实社会中人与人之间的疏离，最后人们变得越来越冷漠，人情也将越来越淡薄。

除此之外，“享乐主义的猪”也会越来越远离自然，远离生活。他们长期沉迷于元宇宙，不再关注物理世界。面对真实美景提不起兴趣，只想通过元宇宙来“欣赏”虚假的自然；面对真实生活提不起兴趣，觉得生活一点也不刺激。最后，“享乐主义的猪”的性格变得越来越孤僻。

第五，“享乐主义的猪”往往长期“宅家”，如同把自己关在“猪圈”中。

元宇宙必然会导致沉迷，因为没有“全身沉浸”就没有元宇宙，而“全身沉浸”必然导致元宇宙宅文化。从生活方式上说，元宇宙宅文化不利于健康。过度沉迷元宇宙将摧残身体，意志弱化，意识恍惚，种族退化。因此，一定要警惕元宇宙宅文化成为未来主流的生活方式。

总之，元宇宙“瘾君子”很可怕。在元宇宙方兴未艾之际，我们应该思考元宇宙的上瘾问题，预先采取必要的应对措施。

感官国度

接下来的问题是，由沉迷于感官享受的人组成国家会怎样？国家会喜欢“享乐主义的猪”吗？

一些人认为，国家不喜欢孱弱的“瘾君子”，肯定会想方设法改变他们，并且对极力推广元宇宙全面落地的互联网巨头进行打压。还有一些人认为，国家打压互联网巨头有一个重要原因：互联网平台想和国家争夺对人民的治理权。

2021年，著名的《大西洋月刊》（*The Atlantic*）发表了一篇攻击以脸书为代表的互联网巨头的文章，认为脸书与其说是网络出版商、社交平台、公司或程序，不如说是一个“国家”。进入元宇宙之后，物理意义上的土地不再重要，而脸书已经开始尝试发行自己的货币，扎克伯格又一直坚持以“治理”的逻辑和理念来管理平台并塑造自身形象，甚至尝试建立类似立法机关的下属机构。在扎克伯格口中，脸书29亿用户也以“公民”的形象存在，并对彼此作为共同体有着明确的想象。所以，脸书更像一个“国家”，而且已经通过疑似影响选举、“封杀”总统等行为，展现它对现实政治的影响力。文章又认为，从根本上说，脸书的服务对象是以扎克伯格为首的公司股东，所以无论怎么标榜自己的“民主机制”，股东的投票权和利益对它来说仍是最重要的。因此，元宇宙公司对社会的伤害，大于对社会的促进。

在一定层面上，这篇文章的确反映了资本主义国家与元宇宙的某些矛盾。最近，许多资本主义国家都掀起反互联网平台垄断的风潮。但从根本上说，在资本主义社会中，互联网公司与国家、政府利益一致。元宇宙公司会挑战国家权力吗？不会。资本主义国家就是由大资本操纵的政权，互联网资本就是当代的大资本形式之一。反垄断之类的措施，只是表面上的争斗，更深层的是资本与国家的一致性。

至于资本主义国家因为国民“孱弱”所以有可能打压元宇宙，这种说法有些道理，但也不完全正确。道理很简单：考虑不同国家之间有竞争，国家不希望国民“孱弱”；单单考虑国家治理人民，“孱弱”的国民更便于治理。对不对？因此，存在元宇宙与极权主义相融合，走向元宇宙极权主义的风险。

2016年发行的科幻电影《虚拟革命》（*Virtual Revolution*），是一部思想深邃却被低估的元宇宙电影。它想象了资本主义国家用元宇宙统治人民的可怕景象：

> 在2047年的巴黎，人类都生活在元宇宙“赛特尼斯”（Synternis）中，街上空无一人，人人都成为“连接人”，躺在像按摩椅一样的虚拟连接点上。赛特尼斯公司和政府都希望世界成为这个样子，即

人人都抛弃现实生活，而转入线上生活。

对于政府来说，这些天天躺着不动弹的“连接人”，天天吃外卖，要么胖得像猪一样，要么瘦得像猴子一样。人均寿命缩短到40多岁，政府不用考虑他们的养老、医疗，而且他们天天在“线上完美世界”中度过，对现实没有怨言，很好管理。所以，政府支持元宇宙。公司更不用说，既收获金钱，也获得很大权利。

对于反抗元宇宙的革命者，公司和政府制造出某种病毒，可以面向定点投放“连接人”。反对元宇宙的人，同时是国家和公司的敌人。

男主角本来在现实中也有工作，只是有时上上网。最后，他得到余生够用的财富，却无处可去，只能进入元宇宙。在电影中，男主角的黑客朋友说了一句：“这个世界已经无法修复了，兄弟，我谁也不选，只选择钱。”这句话形象地描述了元宇宙国家的最高价值观。

当然，如今的世界由很多国家所组成。每一个国家都面对着外部的威胁，所以不会像《虚拟革命》中那样，完全纵容元宇宙公司的行为，让每个国民都变成“连接人”，而是处于一定的矛盾状态之中。但是，《虚拟革命》所警示的元宇宙极权主义国家，很有可能出现。尤其对于西方独裁者来说，“享乐主义的猪”简直是他心目中的理想臣民！

虚无主义的胜利

在元宇宙中，感觉至上，人的自主性与沉浸性关联在一起。沉浸性使得自主性成为可能，而自主性会反过来加深沉浸性。元宇宙本质系于全身沉浸性，而这意味着完全的自主性。从技术上看，新技术使得使用者沉浸于元宇宙的环境中。VR 技术以拟真的方式创造一个实时反映实体对象与相互作用的三维图像世界，在视、听、触、嗅等感知行为的逼真体验中，使人“参与”和“探索”虚拟对象的作用和变化，仿佛完全置身于虚拟的世界中。从感觉上来说，在未来愿景中，人很难区分元宇宙与“原宇宙”。

在元宇宙中，人将感官视为真实和实在的最高判准，强调人的主体性，把人从现实桎梏中解放出来。同时，彻底的沉浸能够解决人类所有所需要的现象需要、经验需要和感官需要，没有也不需要对更高本体的追问。于是，绝对的现实摧毁它自身，走向绝对的虚无。当下的感官体验无比真实，彻底的世俗现实最终滑向虚无。从这个意义上讲，绝对的、不掺杂任何杂质的感官现实就是一种虚无。

在科幻电影《感官游戏》中，有一幕令人印象深刻：

> 男女主角进入元宇宙寻找自己屡屡被人追杀的线索，他们来到一家中餐馆，点菜之后，服务员端上一些奇奇怪怪的异形生物食材。男主角觉得非常恶心，但他却不受控制地吃起来——因为他只是化身，操纵他的本主想让他吃恶心的东西，以此寻找刺激。然后，电话响了，他接到任务指令，要杀死端菜上来的厨师。这名厨师是个非常和蔼的人，但男女主角只能执行本主发来的游戏指令，不由自主地端起一锅热汤，浇到厨师头上，残忍地杀死了态度友好的厨师。

虐杀只是一场游戏吗？无厘头的杀人场面，让人极度不适，游戏玩家纯粹为了体验虐杀他人的感官刺激。为什么要杀人呢？游戏指令也没有说出个理由。整个《感觉游戏》中的人物，都像神经病一样，除了追求刺激，还是追求刺激。

在元宇宙中，根本没有信仰之类的超越性向度。的确，人可以在元宇宙拟像一个有形有象的“上帝”，但它终究是人的创造，而不是世界的真正根源。《头号玩家》中的上帝，是“绿洲”游戏设计者的化身，因为本主已经死去，只剩下了化身，它实质上是一个元宇宙程序。《黑客帝国》中的“上帝”，是第三集最后男主面对的巨大机器人；还有矩阵之母“女先知”，矩阵之父“男先知”，它们操控着矩阵，实际上都是程序；就连一心要毁灭世界的史密斯，他可以无穷复制自己，但终归也只是程序。一句话，上帝不会出现在元宇宙中！

那么，元宇宙向大家兜售的究竟是什么呢？是虚无，是虚无主义。这是一件非常有意思事情：只需电费，虚无就能换钱。这是不是虚无主义发展的新阶段呢？虚无与资本结合，是不是某种新的虚无资本主义呢？当人们越来越空虚时，资本主义想的不是让大家变得更充实，而是利用普遍的空虚赚钱。多么荒谬，多么令人恼恨！

更进一步，元宇宙中虚无笼罩一切，是现代性危机的又一次爆发。借助沉浸性实现的元宇宙，只是人类生活异化和分裂的产品，而不能真正代替人的生活。显然，绝对现实的生活不是生活的全部。它之所以演化到自身的反面，是因为人不可能规定自身的全部，人生的意义不能不从更高的本体那里寻找依据。因此，元宇宙的出现和发展，体现了技术现代性、文化现代性对现实和意义、神圣和世俗的割裂，这种割裂正是技术现代性危机的核心。

所谓现代性，是指现代社会区别于中世纪的根本特征。首先，启蒙运动设计的现代性理念，是对中世纪传统的反动，表现为对教会的反派和对超越的反叛，进而发展为对形而上学的否定，彻底抛弃本体、存在、上帝、意义等玄妙的形而上学问题。其次，现代性的人类中心主义即以人类为中心，出发点是认识自然、造福社会，把自然看作对象，不甘心做“自然一员”，要反叛为征服自然的主体。这也是当代环境问题和全球问题的意识形态根源。再次，现代性的主客二元对立观念是现代认识论转向的基础，本意是人对自身力量的肯定，然后演变为主体对客体的征服，演变为人对人的征服，最终是“我”对自身的否定。最后，摒弃超越、主客二元对立及人类中心主义的观点，导致感官经验、工具理性和社会控制的片面发展。只问世俗现实目的的工具理性，迅速地在整个都市化的世俗社会扩散和渗透，成为世俗生活的最高教条。世俗的目的是什么？当代社会的回答是感官沉浸。

有意思的是，正如《头号玩家》中开篇就指出的，大家沉迷元宇宙是因为现实世界不完美。元宇宙很完美，但它却是假的，是虚无的。这提醒我们：对完美的追求必须有度，绝对完美的结果是绝对虚无。在现实世界中，人性不完美，世界不完美，可它们真实。或者说，不完美的世界才是最好的世界。对不对？

在元宇宙中，不会再有生活，只剩下活着；不会再有思想，只剩下思维。作为自在、自为的存在，虚实融合不能真正赋予生者的生活以根据，个体世界、历史世界的虚幻性只能用指向终极关怀的形而上追问才能救治。元宇宙的崛起，是相对主义、虚无主义完全占领当代文化的宣言，如同一个正在打开的“潘多拉魔盒”。

5

元宇宙拓殖：永别了，内卷的原宇宙？

2020年9月8日,《人物》杂志发表了一篇名为《外卖骑手,困在系统里》的文章。很快,这篇文章在微博、微信、知乎、豆瓣和各大门户网站上刷屏。按照文章所介绍的,外卖骑手“跑单”的所有数据,都被即时上传到外卖平台的“云”上。外卖平台利用这些数据,使用智能算法计算最短送餐时间,不断压缩骑手的送餐时间,对送单超时进行惩罚,导致送餐的外卖骑手只得逆行、闯红灯,结果车祸频发,外卖员成为高危职业。外卖平台遭到社会一边倒的谴责,纷纷申明要改进算法,开展关爱外卖骑手的“微笑行动”。

这场风波让全社会开始认真思考一个问题:互联网平台、物联网和智能革命等ICT应用,虽然极大提高了工作效率,但它们真的有利于社会福祉吗?尤其是为普通老百姓、“打工人”带来多少好处呢?最近几年,越来越多的人抱怨,社会越来越内卷,活得太累,只想“躺平”。有人开始质疑互联网在“助纣为虐”,帮助资本压榨“打工人”。

在2022年1月的“腾讯科技向善创新周”中,小宇宙播客App的CEO克斯(Kyth)做了一个题为“互联网为什么让我们越来越不开心”的主题演讲,虽然没分析出个子丑寅卯,但问题本身引发大家的普遍共鸣。在这一波“元宇宙热”中,很多人刻意宣传:社会越来越内卷,互联网越来越内卷,人们必须迈向元宇宙,才能摆脱内卷,实现每个人的自由、平等和解放!这样的口号确实吸引人,尤其吸引那些心身疲惫的“打工人”、前途未卜的年轻人。

于是,问题就来了:未来的元宇宙真的会是自由的乐土吗?“打工人”真的能在元宇宙中摆脱身上的“枷锁”吗?实情恐怕会令一部分人失望。

圆形监狱与电子监狱

毫无疑问，互联网的好处很多，几乎每人都能举出几条。但是，若论及上网导致的问题，大家同样很容易在日常生活中发现一些现象。

比如智能手机成瘾问题，可以说困扰着大多数老百姓。如今玩手机过度已经被界定为心理疾病，以前被认为常见于大学生、职院学生——这不是瞎说，而是检索诸多研究后的结论——最近发现“银发族”也出现这种现象。更多的人可能还到不了心理疾病的程度，但每天手机不离手，一天没手机心发慌；早晨起床先看手机，晚上睡前也刷会手机；饭菜上桌掏出手机照个相，出去旅游不欣赏美景而是拿出手机拍拍拍，像有人调侃的那样：“遇到事情不要慌，拍个照发个朋友圈先！”

手机使用过度，可能引发各种身体疾病，如干眼病、颈椎病，甚至有消息说会改变脑灰质密度，导致各种心理疾病，如抑郁症。它还被人认为是某些社会问题的根源，如夫妻关系不和睦、亲子关系不协调、学生厌学等。

过度使用手机上网是微观层面的批评，宏观的国家层面对互联网的批评也很多，其中最著名的是所谓“电子圆形监狱”（Electronic Panopticon）理论，即互联网将整个当代社会变成了一座电子监控的圆形监狱。

什么是圆形监狱呢？这是最早由杰里米·边沁（Jerewy Bentham）详细阐发的一种社会治理理论。当时正值工业革命的早期，资本家搞“圈地运动”，强迫原本过着田园牧歌生活的农民进工厂，成为朝九晚五的蓝领工人。当然，“朝九晚五”指的是每天准点上下班的例行工厂生活，并不是实指。最早工人可没有“朝九晚五”的好日子，平均每日工作时间十多个小时。经过 20 世纪的工人运动和工会斗争，工人才获得每天工作八小时的待遇。可以想象，当时很多人不愿去工厂上班，不愿受到工厂制度的约束，流浪汉、乞丐、妓女和黑帮分子数量激增。面对此种情形，边沁提出圆形监狱理论，他相信圆形监狱原理可以彻底解决治安问题：

> 道德改善——健康维护——工业活力——理念传播——公共负担减轻——经济基础坚实——济贫法的戈尔迪结（Gordian Knot）不是被剪断而是解开——所有这一切只需建筑学上的一个简单想法就可实现！

是什么简单想法呢？推广圆形监狱原理。在《圆形监狱》（*Panopticon*）一书中，边沁详尽地描绘了圆形监狱的运作方式。圆形监狱是环形的，蕴含着重要的社会治理原理，如图 5-1 所示。

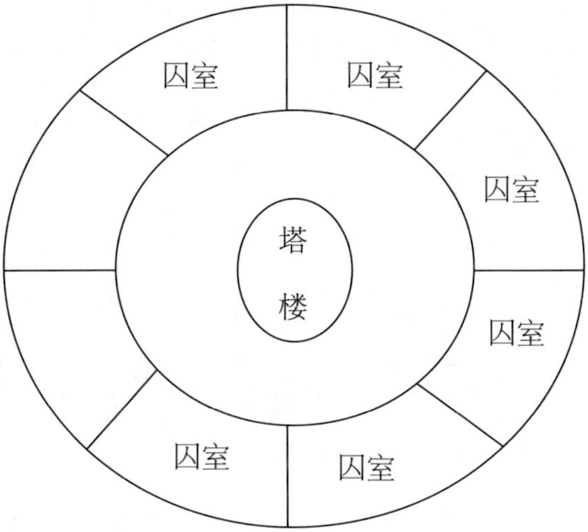

图 5-1 圆形监狱建筑示意图

如图 5-1 所示，环形建筑被分割成许多小囚室，环形中心是一座瞭望塔。塔上有一圈大窗户，从窗外可以看到囚室中的一切，而囚犯却看不到塔中的情形。每个囚室有两个窗户：一个对着外面，让光线照进囚室；另一个对着塔，让囚犯暴露在塔中看守的视线下。每个囚室一个罪犯，相互隔绝，不能交流。即使塔中没有看守，囚犯们也看不到塔中的情形，仍然感到被监视的压力，觉得看守在看着自己。同时，圆形监狱也要接受外部的巡视，监视者本身也被监视。

显然，圆形监狱以“一切尽在监督中”为建筑原则，辅以孤立每个监视对象的原子化处理，从而达到对被监视者的行为进行管理的目的。边沁提出的圆形监狱理论，并非真的打算把大家关在监狱中，而是要在社会中推广“监视一切”的社会治理原理。对此，他说得很明白：

（圆形监狱）包含了一种可以运用于任何机构的建筑原则，其中，人们的一举一动都在监督之下，特别适用于教养所、监狱、工业建筑、贫民习艺所、贫民收容所、工厂、疯人院、医院和学校，还包含与监督相适应的管理方案。

20世纪六七十年代，福柯从批判的视角研究圆形监狱，提出规训社会理论。在他看来，圆形监狱的作用不光是监视，还是改造人们行为的实验室：在圆形监狱中，治理者可以实施某些改造措施，然后观察改造效果，再相应调整改造措施，提高改造效率。在一次次的行为改造实验中，越来越多的新知识产生了，治理者能够用这些知识更好地控制社会中人的行为。福柯将运用知识、科技手段改造人的行为和肉体的做法称为规训，所以圆形监狱是规训机构。显然，治理者运用规训技术对被治理者进行改造，其目标是使每个人都成为驯服的臣民。

福柯还进一步指出，由于规训机制效果明显，到19世纪中期，这种机制就被治理者扩散到整个社会当中，尤其是军营、工厂、学校、孤儿院、收容所等，社会中遍布圆形监狱，整个社会成为某种程度的监狱社会。在监狱社会中，所有人都落入了规训的技术网络不可自拔，一切均被淹没，个体自由被制度性抹杀。

显然，福柯对规训的批评过于极端，走向了反智和非理性的一端。在涉及公共安全、罪犯改造等特殊问题时，圆形监狱机制显然非常有效。不过他正确地指出：在当代社会中，专业知识、监控技术日益与社会管理权力相结合，如果被滥用则非常危险。当然，也有人认为，圆形监狱对于治理者也是一种监督，因而有一定的民主潜力。

在福柯的年代，“无处不在的监视”难以落地，可是互联网普及之后，这个想法开始成为现实。于是，一些思想家担心互联网可能成为电子圆形监狱。也就是说，新兴的 ICT 可能加剧规训化的趋势。

毫无疑问，在重点场所、针对重点人群适度适当的电子监控（Electronic Monitoring and Surveillance，EMS），对于更好地保证公共安全、高效管理社会具有不可否认的价值，这一点已经得到社会成员的广泛认可。然而，在实际的电子监控活动中，也存在大量过度、不当甚至错误的应用，比如英国《世界新闻报》（*News of the World*）窃听事件、斯诺登曝光美国政府的窃听丑闻。随着互联网的推广，网络让普通人拥有了廉价、方便的电子监控手段，比如网上充斥的各种偷拍照片。在社交网络中，人际电子监视行为相当普遍，西方 60% 以上的大学生用户利用脸书调查他人。总之，电子圆形监狱理论并非毫无根据地批评互联网。

舒服与恐怖的电子牢狱

显然，在元宇宙中，电子监视威胁隐私的问题只会加剧。

一旦我们进入元宇宙，一举一动将完全被记录下来，而且是以某种分布式记账的方式被记录下来，不可能被全部删除。而且，元宇宙不仅记录文字、图片等传统互联网信息，还会将语音、动作、虹膜、感觉等更多信息加以记录。不仅如此，由于技术复杂，传输环节增加，元宇宙被攻击的可能性增加。因此，元宇宙监视强度比互联网要高出很多倍，隐私风险性也要高出很多倍，一旦信息泄露或生物识别信息被破坏，将给用户带来无法弥补的破坏和巨大的麻烦。

比如，现在商家不当分析用户隐私，给人们发网络广告、手机广告。在元宇宙中，很可能你一进去，就会有一群化身围上来，你以为对方想跟你交朋友，但是他们聊着聊着就开始推销了，比如这样：

——今年由于疫情，不能回家乡，好想爸爸妈妈啊！

——是啊，我也回不去，所以快递了几箱赣南脐橙给爸爸妈妈。你要不要也给咱爸咱妈送点？

——他们不喜欢吃橙子。

——火龙果什么的，我也有不少。

你在元宇宙中的一举一动都被人记录了，各种公司正好用这些数据分析你的购物倾向，有的放矢向你推销。更可怕的是，海量信息可以“投喂”给 AI，AI 再“穿”上个虚拟化身，变身“AI 广告人”。它可以一直宣传，完全不会觉得累，成本也更低，真人广告推销员则可能失业。

更重要的是，元宇宙中的监控问题不止于监视。智能革命爆发之后，这个问题就不再仅仅是隐私问题，因为除了监视，机器人还可以被授权采取行动，比如对人进行拘押。北京市规定有屋顶的建筑内禁止吸烟，从前违反规定只是摄像头记录在案，未来机器人产业发达了，机器人可能从天而降，马上没收你的烟，并对你进行罚款。所以，AI 技术未来可能带来真正的牢狱，因此可以称之为“电子圆形牢狱”。

细分起来，可能的电子圆形牢狱可以分为两种：一种是恐怖的，另一种是舒服的。

恐怖的电子圆形牢狱，好莱坞很多“AI 恐怖片”都曾展示过。最著名的是科幻电影《终结者》系列中的天网（Skynet），机器人在其中残酷统治人类，对反抗者进行肉体消灭。

元宇宙集舒服的电子圆形牢狱之大成，人们甚至自愿成为其中的囚徒。较为著名的代表是科幻电影《黑客帝国》系列中的矩阵，它以 20 世纪末发达资本主义社会为模板。它是如此舒服，以至于知道真相的叛徒赛弗，不惜出卖战友，也要回到矩阵中去。

科幻电影《虚拟革命》对元宇宙的“舒服”进行了形象的描述：

> 元宇宙“赛特尼斯”中的生活非常舒服和惬意，人们沉醉其中，完全放弃真实世界。有一群革命者，躲避着国家和公司的追捕，试图破坏元宇宙，帮助人们真正获得自由，重新回到现实世界。在男主的帮助之下，他们千辛万苦将病毒植入元宇宙公司的主机。结果呢？被迫下线的暴民涌入革命者的据点，把他们全部打死，并要求元宇宙公司赶紧修复主机，好让他们重新回到网上。

这真是一个意味深长的结尾！它出现的可能性，远远大于《头号玩家》中正义战胜邪恶、元宇宙被控制的美好结局（Happy Ending）。亲爱的读者，如果出现《虚拟革命》描述的状况，人们就属于完全自愿地在元宇宙中坐牢了，对不对？不用说什么隐私了，他们甚至把自由都完全放弃了。

在电子牢狱中虽然舒服，但仍旧是坐牢。此时元宇宙像大网一样，笼罩一切，奴役所有人，就像《黑客帝国》中墨菲斯初次向男主尼奥介绍矩阵一样：

它就在我们身边，随处可见。即使是现在，它就在这个房间里。你可以从窗户外看到它，你打开电视的时候也能看到它。你上班的时候能感觉到它，甚至是你上教堂时，纳税时也是一样。它就是虚拟世界，在你眼前制造假象、蒙蔽真相……

尼奥，你是一个奴隶。像其他人一样，你一生下来就注定要被奴役，一生下来就处在一个没有知觉的牢狱里。一个心灵的牢笼。

和所有规训机构一样，元宇宙可以用来研究人类的行为，生产出更多的有关人的知识，然后用来控制人。比如，电子游戏研究者可以研究玩家在游戏中的状态，使用一些成瘾技术，让你不可自拔。福柯讲的“规训”，此时成为“电子规训”中的“元宇宙规训”。

总之，无论恐怖的电子圆形牢狱，还是舒服的电子圆形牢狱，不管是被迫关监狱，还是自愿去坐牢，这些人都是没有自由的囚徒，被元宇宙幻境关押。从根本上说，他们都是被自己的感官欲望关押的囚徒。

当然，极端的情况不一定出现。但从根本上说，可以肯定一点：仅仅依靠某种新技术，人们不可能获得自由和解放。显然，自由和解放的问题更是一种制度问题，而非纯粹的技术问题。新技术可能带来某些自由，而妨碍另外一些自由。想要追求更多的自由和解放，必须将新技术和制度创新结合起来，让技术手段更多地为社会进步服务。

平等神话

某些资本话术热衷于宣传：元宇宙是完全平等或者更加平等的世界。它的论证逻辑是这样的：元宇宙是广漠无垠的全新世界，机会无限，资源无限，人人都有机会凭本事挣钱，凭本事“打下一片江山”。未来真的如此吗？

按照刘慈欣的看法，人们热衷于元宇宙的现象，属于想象力内转，而不是向外去探索浩渺的宇宙。在相关科幻文艺作品中，这种转向导致“科幻的想象力由克拉克的广阔和深远，变成赛博朋克的狭窄和内向”。在科幻的黄金时代，英语世界科幻“三巨头”亚瑟·克拉克（Arthur Clarke）、罗伯特·海因莱因（Robert Heinlein）、艾萨克·阿西莫夫（Isaac Asimov），留下了大量经典作品，如《2001太空漫游》（*2001: A Space Odyssey*）、《星际迷航》（*Tunnel in the Sky*）、《银河帝国》（*Galactic Empire*）等，彰显人类面向外太空的探索精神。如今，随着外太空开发的放缓和ICT的发展，科幻小说的焦点转向赛博朋克所描绘的“高科技，低生活”（奈斯比特语）场景，而元宇宙则是此类想象的巅峰。显然，内转想象指向的并非开拓物理世界的新边疆，而是局限于想象世界之中，可以算作某种“螺蛳壳中做道场”，其中并不存在无垠时空和无尽资源，而是可能导致更加剧烈的你争我夺和互相倾轧。

2016 年，美国经济学家加尔文·布莱克威尔（Calvin Blackwell）研究了元宇宙游戏《我的世界》中的财富分配状况，发现玩家财富基尼系数高达 0.96，远远超过现实世界财富分配最不平等的国家。基尼系数介于 0 ～ 1 之间，越大越不公平，一般认为超过 0.5 就要小心社会因不公而发生动乱。而美国国民经济研究局研究过比特币网络，发现超过 50% 的网络算力掌握在 50 个“矿工”手中，占“矿工”总数的 0.1%，说明这个有虚拟货币的世界非常不平等。这 50 个“矿工”很容易合谋，操纵比特币网络，随意创设或更改区块链。

元宇宙游戏、元宇宙社区天然就是等级制的，不同等级的人有大小不同的权利。在游戏中，几十个普通玩家围攻一个满级玩家，都难以取胜。而且，许多元宇宙应用要想发挥作用，必须大量收集用户信息，并且达到相当大的规模，这种信息权利的不对等，必然赋予公司、组织远远大于个人的权利。

如前所述，元宇宙中肯定要出现的“黄赌毒”等乱象，不能仅靠平台治理，还需引入多种手段，比如法律制裁。当国家力量进入元宇宙时，一定不止于消极的制裁，还会实施积极的引导。此时，还谈什么“元宇宙是自由与平等的乐土”呢？

那么，资本话术为什么会炒作“平等神话”？第一，当然是以此吸引饱受现实不平等之苦的人到元宇宙去。第二，如网景公司联合创始人马克·安德森（Marc Andreessen）等人认为，富人用这种宣传为自己减轻压迫穷人的罪行。

一些富人说，现实世界永远严重不平等，这是自然法则，唯一的解决方案是推翻自然法则，逃入元宇宙中，而在元宇宙中，穷人可以体验到历史上的富人一直享有的富足生活。可实际上，元宇宙不会真正缩小贫富差距。随着元宇宙的发展，人与人之间的差距会越来越大。建设元宇宙的正是现实中的特殊阶层，他们也将是拥有它并从中获利的人群。安德森认为，“在元宇宙中，金钱仍然存在，消费主义是它的根本逻辑，因而不平等现象将继续存在。在元宇宙中，富家子弟仍然会得到很酷的球鞋。”促使科技公司建设元宇宙的根源是自身利益，绝不是恩赐穷人的高尚动机。当贫富差距越来越大时，穷人能在元宇宙中得到安慰，富人则能摆脱对现实不平等的责任和内疚，所以资本话术会努力炒作“平等神话”。

“元宇宙平等神话”总是会提到，元宇宙大量运用基于区块链的DAO（Decentralized Autonomous Organization，分布式自治组织）的治理方式，因而能够完全去中心，真正实现人人平等。但是，现实中DAO治理并没有想象中的那么平等。

比如，著名的Decentraland项目目前大约有80万用户。理论上，区块链的架构，比如物品出售、内容审核、土地政策、拍卖机制等，是所有用户都可以参与投票并进行治理的。实际上，只有“有产者”才被允许参与治理，每个人的投票权与其拥有的虚拟财产成正比。这和现实世界有什么差别？

其实互联网就可以实现完全平等的投票，不需要DAO，也不需要元宇宙。即便某个算法环节完全平等，DAO 实践也不可能消弭不平等的权利关系。比如 ConstitutionDAO 项目发起在线筹款竞拍美国宪法，事实表明，虽然数以万计的人参与筹款，但当出现算法中没有规定的事项时，决策权仍然掌握在少数的几十人手中，尤其是发起人。

互联网之所以没有实现平等，并非技术的局限，而是互联网与不平等的制度结合起来了。它可以用于平等事业，也可以用于不平等事业。因此，元宇宙 DAO 也是如此。西方互联网公司花大力气搞元宇宙，目标是实现人人真正平等。你觉得可能吗？资本家什么时候在元宇宙中转性成为圣徒了？要真是这样，资本现在就不会狂炒元宇宙概念，伺机收割财富了。对不对？

有人批评 DAO 提供的去中心化自组织，看似给予网民突破互联网平台垄断的机会，实际却是削弱工人组织性的新自由主义话术。显然，这是带有浓厚马克思主义味道的观点。在马克思主义者看来，工人阶级联合起来，推翻资本主义制度，走向社会主义、共产主义，才能求得真正的人类解放。理论上说，DAO 反对极权和科层，但得到的是原子个体的、布朗运动式的自由，因而不是增强解放的力量，反而肢解工人阶级的团结，使之陷入泥沼中不可自拔，很容易被资本家逐个击破。从根本上说，单单追求个体的心灵自由，不可能实现自由、平等和解放。社会制度的革新才是人类解放的正途：面对有组织的压迫力量，个体的反抗很无力。

类似 DAO 的算法并不能完全解决现实问题，社会生活并不能完全程序化，其中最重要的部分更是无法程序化。在区块链中，已经积累大量资本的人完全可以抢占先机，控制最有盈利价值的代币，形成垄断，加剧元宇宙中的不平等状况。这种情况在“元宇宙炒房”中已经初露端倪。

“元宇宙解放说”即元宇宙将是“自由新大陆”，让人联想到福柯对新自由主义的批评。在福柯看来，自由主义治理术是人口技术的最重要形式，而人口技术是所谓生命政治的核心技术。自由主义治理术通过“发明”各种所谓的自由观，推行各种技治术，强化资本主义统治。它的意思是：自由是制造出来的，越是“自由”越是被控制。比如，资本主义经济自由观，会将社会个体引到消费主义的“圈套”中。

福柯的想法并不完全对，我们不能否认自由的存在，它只是在资本主义社会被异化了。资本主义自由观相比封建社会还是进步的，因此不能将生命政治全盘否定。但是，福柯对新自由主义的批评，的确指出当代社会的一种现象：在资本主义社会，自由、平等和解放等口号被资本家用来牟利，“元宇宙自由神话”“元宇宙平等神话”“元宇宙解放神话”便是最新例证。

DAO 的新自由主义本质的分析，很容易转向目前流行的对平台资本主义的批判。“平台资本主义说”认为，互联网巨头垄断使得垄断资本主义进入平台资本主义阶段，而元宇宙的商业模式将进一步扩大平台资本主义的诸多问题。如陈永伟所言：“所有现实世界中的经济关系，事实上都被复刻到元宇宙当中。换言之，元宇宙并没有创造一个经济关系上仍然平等的乐土，它只是另一个现实世界。”

“打工人”的命运

最近的元宇宙热把很多普通老百姓都“煽乎”起来了，人们都琢磨着赚点“元宇宙快钱”。2022 年 2 月 18 日，银保监会发出《关于防范以“元宇宙”名义进行非法集资的风险提示》，指出近期一些不法分子以“元宇宙投资项目”“元宇宙链游”等名义吸收资金，涉嫌非法集资、诈骗等违法犯罪活动。这不再是资本收割财富，而是违法犯罪活动了。面对元宇宙热，“打工人”应该如何看待，又该如何应对呢？一句话，要小心“元宇宙陷阱”。对于“打工人”而言，陷阱很多，这里主要讨论两个问题：（1）不要听信话术，最后上当受骗；（2）元宇宙可能会导致失业问题，因此要未雨绸缪，提前做好准备。

先说第一个问题：千万别相信元宇宙机会均等的忽悠！在未来的元宇宙建设中，资本仍具有先天优势。这是一个必须要认清的基本事实。首先，现实财富一开始就可以在元宇宙中换到更多的虚拟财富，所以在元宇宙起点上“打工人”就处于“劣势”。其次，元宇宙游戏、元宇宙开发、内容生产等都需要不断投入金钱，会逐渐放大财力的不平等，所以在元宇宙建设过程中“打工人”也处于劣势。

很多人在鼓吹人人都可以投身元宇宙建设：元宇宙公司只是搭好一个平台，里面的内容都要靠用户自己生产。这就是所谓的元宇宙中从 PGC 到 UGC 的转变，PGC 是专业生产内容(Professinal Generated Content)，而 UGC 是用户生产内容（User Generated Content)。

为什么用户要给元宇宙公司搞建设呢？他们的理由是：建设好了，用户最后就有钱挣。为什么有钱挣呢？因为有 NFT，你在元宇宙“搭”的“房子”有 NFT“加持”就成了资产。所以，大家愿意把建设元宇宙虚拟房子当作工作来干。

听着是不是很像那么一回事？但经不住细想。别人为什么买你的虚拟房子？第一，有钱人买来炫耀，获得某种社会性满足，和现实中天价艺术品道理一样。这种情况属于极少数，与“打工人”也没太大关系。第二，为了炒作之后，加价卖出去，赚差价。第三，你的房子来参观的人多，他人可以买或租来卖货。现实的房子可以住，可元宇宙中的房子除了炒作，其根本价值在于流量。

元宇宙建设之初出现的“炒房”现象，就是第二种赚钱模式，和炒股、炒房逻辑是一样的。“炒作”需要大量资金，而且还要受国家政策的管控，“打工人”有什么优势？没有。相反“打工人”时刻要警惕被人忽悠。的确有人在元宇宙中“炒房”发了大财，如《第二人生》中第一个百万富翁钟安社，但个案不能被视为普遍规律。

而且，绝大多数元宇宙“房子”没有“自带的”商业价值，需要大量投入，吸引流量，才能实现增值。因此，第三种赚钱模式，才可以持续性地发展。换言之，在某种意义上说，元宇宙经济同样是注意力经济。这就像快手、抖音上的UP主，拍摄短视频赚不了什么钱，他们靠的是有粉丝之后直播带货。无数的UP主，有几个能靠短视频号赚钱养活自己呢？更重要的是，赚钱的短视频号有几个是个人制作，背后没有公司支撑的呢？从流量上讲，元宇宙ID与短视频号的运营，没有本质的不同，如果没有专业公司的推广、没有流量，这些视频就一文不值。

显然，在吸引流量上，“打工人”竞争不过资本。这就跟玩游戏一样，要培养满级英雄，必须投入资源。当作消遣没问题，若想靠这赚钱，必须由专业公司运作。在元宇宙游戏《精灵宝可梦》中，精灵有NFT，可以买卖赚钱，和其他精灵打架赢了也可以赚虚拟货币。但是，高等级精灵需要专人训练，需要很多时间，还需要花钱。现实中，厉害的精灵基本都是专门公司的财产。

从总量上说，赛博空间注意力的“池子”差不多到头了，现在大家上网时间已经很长了，再增加真的就“挂”在元宇宙中不下线了。元宇宙加入进来，就要和传统上网方式抢夺注意力，如微博、微信、短视频、京东商城等。当然，从愿景来看，元宇宙可能淘汰传统上网方式，但无论如何，人们的注意力总量有限，因此元宇宙中注意力的争夺战必然更加残酷，“打工人”能占到便宜吗？

虚拟人VS“打工人”

还有一个更重要的问题：以注意力为中心的虚拟经济，已经对实体经济造成巨大的冲击，而很多人认为，元宇宙经济将进一步重挫实体经济。注意力不能生产实物，离开实体经济支撑的虚拟经济是不能持续兴旺的。在疫情中，实体经济大跌，股市一开始反而大涨。当时，金融在一定程度上脱离支持实体经济的目标，沦为“金融游戏”，结果股市在2021年大跌不止。

对于“打工人”而言，实体经济衰落意味着失去很多的传统就业机会，做小本买卖之类的“微小创业”愈加艰难。从总体上看，所有能搬上元宇宙的劳动，都可能被AI完全取代或部分取代，比如客户、会计、游戏陪玩者……显然，这很可能导致失业问题。

以当下的“虚拟人热”为例。很多人认为，作为化身的虚拟人，以后将在元宇宙中大量应用，甚至成为元宇宙的“入口”。

2021年，电子游戏产业遭遇众所周知的政策“寒流”。严冬之下，各大游戏公司一边小心翼翼地自纠自查自家的游戏，一边想发出一点类似“为游戏正名”的声音。

无奈“电子游戏毒品论”“电子游戏害人论”情绪积累多年，现实中电子游戏“玩坏”有志青年和“祖国花朵”的例子数见不鲜，想为电子游戏辩解几乎成为“不可能的任务”。

面对这种情况，不少游戏公司逐渐想到一种新的方式：努力探索和扩大游戏技术应用的非游戏场景。电子游戏技术不等于电子游戏：开发电子游戏所用到的游戏引擎、人机交互技术、计算机图形处理技术、声音图像显示技术、虚拟现实技术等，并非只能用于开发游戏，这些技术还可以在其他非游戏场景中得到应用。其中，数字虚拟人便是目前被普遍看好的突破口之一。

粗略地说，所谓“虚拟人”，指的是存在于数字世界或者说赛博空间中的虚拟类人角色。“虚拟人”在外观和互动上和人差不多，甚至可以达到以假乱真的程度。数字虚拟人的样貌，主要通过 3D 图像软件或其他模拟仿真工具制作。数字虚拟人的行为举止，则需要依赖 AI、云计算、边缘计算、大数据等智能技术来完成，只有这样才能使之显得能像人一样“思考”。从某种意义上说，数字虚拟人是“虚拟的机器人”：机器人以物理实体形式存在，而数字虚拟人依赖电影、电视、液晶屏、全息影像等显示设备存在，它们都拥有一定程度的人工智能。

数字虚拟人的本质特征包括 3 个方面：（1）数字性，即它以数据形式存在于数字世界中；（2）虚拟性，即它并非物理真实的，而是虚拟实在的，或者说拟真的、超真实的；（3）类人性，即它的音容笑貌、行为举止和人类相似，甚至与它互动的人觉得它有“思想”。

1989年，数字虚拟人的概念滥觞于美国国立医学图书馆发起的“可视人计划”（Visible Human Project，YHP）。经过30多年的发展，数字虚拟人从手工绘制阶段进入电脑绘图（Computer Graphics，CG）阶段，并且与智能技术融合起来，已经发展得比较成熟。大家耳熟能详的初音未来，最近在快手、抖音上爆火的柳夜熙，万科公司2021年度最佳员工崔筱盼，都属于数字虚拟人。

虚拟人不等于虚拟偶像，并非只能应用于娱乐行业。2021年，新华社媒体融合生产技术与系统国家重点实验室与腾讯互娱（NexT Studios）共同打造数字宇航员兼数字记者小诤，它在一系列中国航天重大事件中，如神舟十二号成功发射、航天员第二次出舱等，进行了“现场报道”，几乎引发全网沸腾，一下让数字虚拟人变得“高大上”了。

从理论上说，既然虚拟人是数字形式呈现的“人”，所有能以数字形式呈现的人的活动都可以由虚拟人替代完成。演员可以有数字演员：既可以把某个演员数字化，取代真人出演电影，也可以干脆创造完全虚拟的演员和角色。网红可以有数字主播，娱乐业可以有数字偶像，推销产品可以有数字推销员，电视新闻可以有数字记者，导游可以有数字导游，客服可以有数字客服……各行各业都可以有数字员工，这不仅能够大大节约人力资本，还可以提升工作效率。

在现实中，技术能做到的，我们不一定真的要去做。数字虚拟人的应用，受到法律政策、制度规范、安全伦理和文化习俗等方面社会条件的制约，存在着诸多潜在的社会风险。比如，很多人从心理上接受不了机器人客服，这种情况在数字虚拟人客服中同样会存在；AI 广告使得垃圾广告信息泛滥，今后元宇宙中同样可能有很多数字推销员围着你的化身推销产品。

推广虚拟人最大的阻力，很显然会是失业问题。虚拟人要想大发展，就要创造更大的经济效益，就要参与到社会劳动当中，而这必然会导致一些人失去工作。如果理论上能取代的工作，都让虚拟人取代，会造成多少人失业呢？更何况，它取代的主要是第三产业的工作，而第三产业现在已经取代第一、二产业成为国家经济的主要支柱。

从本质上说，虚拟人导致的失业，可以被称为“虚拟人失业”，属于“AI 失业”，即人工智能的推进伴随着越来越多的人失去工作，机器人、虚拟人导致的失业均属于“AI 失业”。这不仅是虚拟人能走多远的问题，而且是整个智能技术、智能产业、智能革命和智能社会究竟能走多远的决定性问题之一。换言之，只有在最大限度地降低失业风险和更多地创造就业岗位的前提下，数字虚拟人才可能真正得到大规模推广。

必须指出，元宇宙可能导致的不平等问题并非纯粹的技术问题，而是制度和算法问题。Web1.0、Web2.0 起初都高举去中心化、平等、自由和解放的“大旗”，都曾经有过短暂的“放飞”阶段，但很快就又被大资本和大组织所控制。这种情况肯定会在元宇宙中重演。总之，去中心化不是技术上做不到，而是技术要与去中心决策程序结合才能真正实现去中心化，所以单靠技术无法预测它会走向去中心化还是中心化。当技术与社会因素结合时，元宇宙社会最终会成为现实世界的翻版。

6

元宇宙美学：在元宇宙，艺术性何存？

近 30 年来，新科技突飞猛进，与当代艺术发生强烈碰撞和交融。一方面，以电子艺术、AI 艺术、VR 艺术、生物艺术和科技装置艺术为代表的所谓“新科技艺术”逐渐开始流行于各大国际艺术节，极大地丰富了当代艺术的形式。另一方面，以新科技进展为背景的当代艺术新观念，既刺激着艺术家的灵感，又催生出所谓“当代艺术危机”，即传统艺术观念是否仍适用于当代艺术发展的争论。

显然，日渐成熟的元宇宙必然会加速新科技与新艺术的互动。首先，NFT 与艺术创作的不断结合，如今已经显露出繁荣艺术市场的潜力，未来将极大地开拓当代艺术的新疆域。其次，包括 3D 游戏在内的各项元宇宙建设，非常需要艺术家、工业设计师的参与，这给元宇宙艺术的发展提供了广阔舞台。尤其可以预见的是，以装置艺术、录像艺术和互动艺术等为代表的“新媒体艺术”（New Media Art），大量运用数字摄影、合成音乐、VR、AI、游戏引擎等元宇宙技术，这在元宇宙时代肯定会得到长足的发展。

对此，一些人表示热情欢迎，而另一些人则极力反对。欢迎者认为元宇宙给艺术注入生机，反对者认为元宇宙会毁了艺术。那么，对于艺术发展和艺术观念嬗变，元宇宙崛起究竟会产生什么样的影响呢？

元宇宙与艺术危机

艺术圈的朋友普遍认为，元宇宙将给当代艺术大发展提供巨大的契机，也将给当代艺术观念带来巨大的挑战。那么，什么是当代艺术呢？每个时代都有“当代的艺术”，显然，只要人们仍然有对艺术的需要，“当代的艺术”就不会全部陷入危机。今天大家所讲的当代艺术是特指的，指的是当代艺术潮流中的一支，即第二次世界大战以来出现的、挑战既有艺术形式和艺术体制的先锋派艺术。当代艺术之所以是“当代的”，不仅因为它发生于当下，还因为它致力于颠覆和反叛现代艺术，与现代艺术相对。

具体来说，当代艺术包括波普艺术、观念艺术、大地艺术、偶发艺术、交互艺术、新媒体艺术、装置艺术、AI 艺术、VR 艺术等新艺术形式，与各种新科技进展密切相关的新科技艺术是其中的主流，大多产生于 20 世纪下半叶。当代艺术，比如这两年大热的生物艺术，在新世纪热闹非凡，引领风潮，完全不像陷入危机的样子。

2000 年，巴西艺术家爱德华·卡茨（Eduardo Kac）创作出著名的生物艺术作品《绿色荧光蛋白兔》，可以细分为转基因艺术作品。卡茨让法国生物学家运用基因编辑技术，将绿色荧光水母基因植入兔子体内，“制造”出发绿光的兔子阿尔巴（Alba），并将它作为艺术品宣传和展览。当然，“制造”阿尔巴只是作品的一部分，接下来卡茨利用网络制造与阿尔巴相关的公共对话，最后导致与之相关的社会介入，如生物关爱行动等——这些均属于作品《绿色荧光蛋白兔》的组成部分。

卡茨曾想将阿尔巴带回自己家，成为他家庭的一员，结果遭到各方反对，最终只得让它留在实验室中度过余生。后来，卡茨还制作了名为《解放阿尔巴！》系列作品，表现“媒体对于阿尔巴与卡茨一起回家的呼声”，比如其中一本《浑身发绿可不容易！》（*It's not easy being green!* ）的小册子集合了“公众对阿尔巴诗意、幽默的反应”，内容包含图文、卡通、小说片段、广播词和孩子们的信。

创立于1979年的奥地利林茨电子艺术节，是当代艺术重要的阵地之一。20世纪90年代，它主要关注数字革命，到了21世纪则越来越关注生物革命。两者结合起来，影响颇大，吸引到技术哲学家布鲁诺·拉图尔（Bruno Latour）、唐娜·哈拉维（Donna Haraway）等人参与其中。生物艺术的热门及其与数字技术的融合，由此可见一斑。《绿色荧光蛋白兔》影响巨大，很重要的原因在于卡茨运用数字平台直播、采访和制造互动话题。这正是所有当代艺术共有的一个突出特点，即善于运用元宇宙相关技术增加艺术作品的影响力，并将网络互动视为作品的重要组成部分。

可以想象，在元宇宙时代，类似的当代艺术活动可以完全搬到元宇宙中，博取更多的关注。并且，由元宇宙相关技术与艺术相结合产生的新艺术形式，如 AI 艺术、VR 艺术、NFT 艺术等，本身就属于当代艺术的范畴。因此，“元宇宙艺术”基本上同样属于当代艺术的范畴。

与当代艺术的繁荣相对，在过去 30 年中，“当代艺术危机”一直是艺术家和艺术评论家争论的热门问题。大家想一想：如果当代艺术并没有危机，那当代艺术危机指的是什么呢？简单地说，指的是当代艺术导致“当代的艺术危机”。一些人认为，当代艺术看似兴旺，实则是“胡闹”，那根本不是艺术，本质上是装扮成艺术的“伪艺术”、市场炒作、骗局或阴谋。而另一些支持当代艺术的人则认为，那些批评者对当代艺术很外行，明明自己没有审美能力，却胡乱批评当代艺术。

在很大程度上，争论的双方各说各话，相互不理解。当代艺术的支持者否认艺术本体，他们不认为艺术有什么本质性区别于非艺术的东西，认为艺术活动是人们依照艺术家制定的程序获得“审美体验”——艺术之所以是艺术，就在于符合某种约定程序——在约定程序体验之外，不存在任何为艺术所独有的本质因素，所以什么都可成为艺术，人人可以成为艺术家。与之相对，当代艺术的反对者坚持艺术本体的立场，强调艺术与非艺术之间存在本质性的区别，据此判定当代艺术缺乏艺术内容，让艺术活动在当代陷入前所未有的危机。也就是说，在危机论者看来，当代艺术兴起与当代艺术危机是同一个问题的两面：当代艺术越盛行，艺术越危险。

1917 年，法国艺术家马塞尔 · 杜尚（Marcel Duchamp）将商店买来的陶瓷小便池作为艺术品展出，并将其命名为“泉”，引起轰动。小便池有何艺术性？杜尚是为了借此行动反对艺术性的概念。此时，艺术品等于艺术家认定的东西，无论它有无艺术性。“泉”与其说是审美的，不如说是审丑的。杜尚希望用“泉”，将人们的目光引向艺术品背后的权力机制。艺术品并非纯粹用于审美，还有道德教化、社会控制、引导消费等功能。

简言之，“当代艺术危机”的主旨在于：当代艺术的兴起，使得人们的艺术观发生根本性转变，传统观念被消解，越来越多的人相信艺术与非艺术、艺术家与非艺术家之间界限模糊，因而不存在所谓的艺术性。与当代艺术观不同，传统观念认为，艺术性与艺术品相连，艺术品因其艺术性而成为艺术品。艺术品是活生生的人的感性体验、人生经历和生命感悟的结晶，观众对艺术品的审美体验能够提升人的精神境界。

随着元宇宙时代的到来，当代艺术危机看来会愈演愈烈。或者说，新观念在元宇宙技术的助力下会愈来愈流行，甚至全面革新整个主流艺术观。接下来，我们来仔细考察一番。

人人都是艺术家

艺术不是一种预先定好且一成不变的东西，在不同时代的不同群体手中，艺术会有复杂多样的表现。所以，E.H. 贡布里希（Ernst H. Gombrich）在《艺术的故事》序言中写道："没有大写的艺术，只有艺术家。"可是，在元宇宙时代，谁是艺术家呢？答案是：人人都是艺术家。

在《绿色荧光蛋白兔》中，荧光兔阿尔巴实际上是生物学家"制造"的，卡茨只是出了一个点子。那么，生物学家成为艺术家了吗？在那之后，很多人参与到作品的创作中，以各自不同的形式，比如网上留言、编段子、与卡茨对话等——这些东西后来被卡茨编进后续作品中。那么，大家都成了艺术家吗？以新艺术观来看，答案是肯定的。或者说，它认为，划分艺术家的界限彻底消失了。

与观众互动是新媒体艺术的重要特征之一。新媒体主张将观众的身体纳入艺术表达的考量之中，将艺术品从高高在上的"禁止触摸"，转变为邀请观众碰触并参与其中。比如，大卫·库塞马克（David Kousemaker）和蒂姆·欧登（Tim Olden）设计的互动装置《接触我》（Touch Me）：

2008年，中国美术馆举办了名为“合成时代”的艺术展，其中展出了一个名为《接触我》的作品。这是一个类似于扫描仪的磨砂玻璃，参与者将身体或物体与玻璃表面接触，就会在玻璃板上留下某些烙印，继而创造出图像。图像会作为玻璃板的一部分保留下来，在没有其他互动的情况下展出一段时间，供大家参观。这些印记还会被永久保留下来，作为该作品的一个部分。

显然，观众要是不触碰玻璃，《接触我》就不能算是一件完整的艺术作品。观众在帮助完成《接触我》后，成为艺术的一部分，是不是应该算作艺术家呢？至少可以说，参与的观众不再是传统意义的观众。传统观众只是欣赏，通过观看与艺术作品发生关系。亲爱的读者们，在互动艺术中，传统观众“消失”了！

除了受邀参与创作，越来越多的人主动进行传统意义的艺术创作，成为“草根艺术家”。自从“傻瓜式”的单反照相机出现，不少人都爱上了摄影。随着带有强大拍照功能的智能手机的普及，几乎所有人都变成了业余摄影师，很多人的微信朋友圈都有他们的原创作品。各种音乐创作App、编曲App和K歌App的出现，不仅让专业人员受益，也让更多人体验了一把成为音乐家的感觉，还有一些人在这类App的帮助下成为业余音乐家。网络互动平台的诞生，激励一大批民间的作家（写手）、画家（画师）、UP主、程序员分享着自己的作品，其中不乏优秀的创意。

“草根艺术家”是不是艺术家呢？新旧观念对此意见相左。但是，谁也不能否认，随着元宇宙时代的到来，“草根艺术家”只会越来越多。比如，在平台经济的刺激下，“视频主播”甚至成为许多中学生未来的职业理想，哔哩哔哩（B站）、抖音、快手等视频网站也迅速崛起。据《2021 B站创作者生态报告》报道：

> 2011年至2021年十年间，B站创作者数量增长达1512%。2020年9月至2021年8月，UP主投稿视频播放量超4500亿次。创作人群包含各圈层，从学生主播、职业人士到退休老人。根据创作者画像，24～30岁的UP主是B站最主要的创作力量，占成年创作者的七成以上。增长最快的是31岁以上的创作者群体，占比13%，比上年增加了80%。目前月均活跃的UP主有270万人，同比增长了61%；月投稿量突破了1000万份，同比增长80%。

有趣的是，报告还显示，在过去的一年，B站共封禁了84569个营销账号，处理“引战”“挂人”“锤人”等稿件约20万余份，给815份稿件添加“争议”标签。也就是说，对于“草根艺术家”创作出的艺术品，大家仍存质疑，尤其是怀疑它们到底是艺术品，还是隐蔽的商品或广告。

然而，有一点可以肯定：在元宇宙的未来发展中，“草根艺术家”是主要的建设力量。比如，在沙盒游戏中，理论上人人都可以建设自己的世界，但是那些既具有建设热情又具有艺术修养的人更容易胜出，更可能通过创作游戏实现价值回报。在短视频的发展过程中，这一点已然显露出来。

非人类艺术

“草根艺术家”总归还是人类。在未来，随着元宇宙技术的成熟，会出现越来越多非人类“艺术家”，创造出越来越多的非人类艺术。

2018 年 10 月，AI 绘制的肖像画《埃德蒙·贝拉米》以 43.25 万美元的高价成功拍卖，引发种种热议。在创作的过程中，AI 使用了 15000 幅从 14 世纪到 20 世纪的肖像画数据。在绘制的过程中，算法可以将新作品与已有的人工作品数据进行集中比较，直至无法分辨两者的区别。

2017 年，人工智能“微软小冰”出版诗集《阳光失去了玻璃窗》，后来还与人类合著诗集《花是绿水的沉默》。此处抄录它的一首诗《蝴蝶飞出花间》：

抱着珊瑚一样

在现实的世界上

在碧空中一轮明月

沙漠中藏在天空中点落红

珊瑚珠照亮我的眼睛
不见了蝴蝶儿飞出花间
神明赋我生命之酒瓶中消灭
最大的星星是天空的一片流云

读者朋友们，大家觉得诗怎么样？

据称，微软小冰师承1920年以来的519位中国现代诗人，经过1万次迭代学习，才获得作诗能力。研发者先用了27个化名，在多个网络诗歌讨论区中发布小冰的诗歌，并向多家媒体投稿，结果作品真的得到录用。最后，研发者又从小冰创作的数万首诗中挑出了139首，没有进行润色改动，直接结集出版，而书名《阳光失去了玻璃窗》也是小冰自己起的。

针对《阳光失去了玻璃窗》,《光明日报》评论说，小冰是对那些平庸的诗人诗歌的冲击。但是，不少人提出质疑：传统诗歌观认为，诗歌是诗人的人生经历和智慧心血的结晶，然而小冰是AI程序，没有什么人生可言，它能算诗人吗？《阳光失去了玻璃窗》能算诗吗，能以艺术水平高低来评价它吗？《光明日报》的评论，究竟是技术评论即表扬AI功能强大，还是艺术评论即表扬小冰艺术造诣高呢？

不只是诗歌和绘画，音乐界同样见证了“虚拟音乐家”的诞生：

VOCALOID 是日本乐器制造商雅马哈公司（Yamaha）开发的电子音乐制作语音合成软件。2007 年，Crypton Future Media 公司（简称 Crypto）以 VOCALOID 为基础，发布了以虚拟歌姬“初音未来”（初音ミク）为名的音源库，含义为“最初的声音”加上“所象征的未来音乐之可能性”。音源数据资料采样于日本声优藤田咲。虚拟歌姬计划一经推出便广受欢迎，目前已扩展到多个国家、多个语种。2012 年，首位中国虚拟歌姬“洛天依”依托第 3 代 VOCALOID 系统正式发布。截至目前，该软件已开发到第 5 代（2018 年发布），拥有超过 1000 声的短语和 1000 多段音频样本，100 多种歌唱风格预设，以及 11 种声音特效。在 VOCALOID 的激发下，中国也开发了多个虚拟人声软件，并在网络平台上得到广泛使用。

在音乐形式上，“初音未来”（以下简称“初音”）的确带来新的可能性。比如，它在 2010 年推出的曲目《初音未来的消失》曲速高达 240BPM，每秒最高 12 个音，超出人类的发声极限，被称作“超越人类的曲目”。

借助全息影像技术，初音还在世界范围内举办多场演唱会。通过使用 3D 透明屏幕，演唱会生成了初音的动态全息影像，令虚拟形象出现在现实的舞台上，产生亦真亦幻之感。截至目前，初音已经演唱了上万首歌曲。同样的问题产生了：初音可以被看作艺术家吗？

在美学理论上，类似的问题均与艺术的主体性相关，即艺术作品应该有人类创作者。没有了艺术家，还有什么艺术呢？不过，《阳光失去了玻璃窗》

并非完全与人类无关：AI 程序是人类编写的，小冰所学的诗歌是人类挑选的，发表出来的东西也是人类挑选的。无论如何，《阳光失去了玻璃窗》是对人类诗人的一次倒逼：少写一些粗制滥造、不知所云的诗，把整个诗歌界的水平提升起来。

初音并不是小冰那样的 AI，而是一个语音库，它不会自动生成歌曲。在象征意义上，我们当然可以说初音是一位创时代的艺术家。但从主体性上看，我们仍需要找到歌曲艺术价值的源头。首先，初音所演唱曲目的作词作曲仍是传统意义上的工作，完全由人类负责。其次，在软件中输入歌词、曲谱之后，演唱的工作才刚刚开始。作为一个强大的语音库，初音具有多种发音方式，包括令其更加逼近真实人声的换气音等。在哪里提高音调，在哪里换气，如何用不同参数表现声音情感等，都需要调音师一点点地手动调节。因此，哪怕是同样的歌词曲调，每个人最终生成的歌曲可能截然不同。可以说，初音的歌声之所以能打动人，绝大部分归功于调音师的努力。

因此，初音的成功实际上是技术与主体性更好结合的成功。先进的技术只是初步基础，更主要的工作以一种基于音源库技术的集体共创模式完成。在宽松的版权协议支持下，只要不涉及商业使用，所有人都可将初音作为演唱者使用，还可以发布自己的原创作品并享有歌曲著作权。使用初音的大部分调音师皆是出于自觉自愿地劳动，因此不会遭受商业公司的诱导和压榨。

NFT的魔力

元宇宙热开始之后，在艺术圈最火的相关概念是 NFT 作品。2021 年 3 月，NFT 作品《每一天：最初的 5000 天》拍出天价。对此，有新闻是如此报道的：

前沿艺术家迈克·温科尔曼(Mike Winkelmann，艺名 Beeple)通过佳士得拍卖行以 6934 万美元天价出售了他的 NFT 作品《每一天：最初的 5000 天》(*Everydays: The First 5000 Days*)。从 2007 年 5 月起，Beeple 每天在网上创作和发布一件新的艺术作品，该作品即他每日创作的共计 5000 张作品的巨型拼贴，最终形成一个 316MB 的 JPG 文件。该作品以 100 美元起拍，一个小时内价格攀升至 100 万美元，15 天后以 6934 万美元 (约合人民币 4.5 亿元) 落槌。据悉，该拍品竞拍截止到最后一分钟有 220 万名访客访问拍卖页面。该作品的特别之处在于它以 NFT 形式存储，这是一种基于区块链技术的真实性数字证书。与以太币、比特币等同质化虚拟代币相比，NFT 以其“非同质化”为数字资产的确权和交易提供了便利。

不久，媒体又爆出，Twitter 的 CEO 杰克·多尔西（Jack Dorsey）将他 2006 年发出的第一条推特制成 NFT 作品，卖出不可思议的 290 万美元。温科尔曼创作《每一天：最初的 5000 天》，真的花了 5000 天的时间，可多尔西的推特凭什么卖出高价呢？短短一年过去，2022 年 4 月 7 日，作品持有者想将它转手，结果没人愿意出高价。截止到 4 月 13 日，持有者一共只收到了 7 次出价，价格从 6 美元到 280 美元不等。目前，持有者计划将其重新拍卖，但当下收到的意向报价也只达到 6800 美元，距离预估的 480 万美元相距甚远。

那么，什么是 NFT 呢？ NFT 是 Non-Fungible Token 的缩写，译为“非同质化通证”。NFT 的发明者宣称它可以解决这类问题。

众所周知，数字作品易于复制，它的版权保护一直是互联网诞生以来的难题。1998 年，世韩公司推出了世界上第一台的 mp3 播放器 MPMan F10，mp3 格式开始被越来越多的音乐公司所青睐。1999 年，曾经的著名黑客肖恩·帕克（Sean Parker）与好友肖恩·范宁（Shawn Fanning），共同创建基于 P2P 技术的 mp3 音乐分享网站 Napster。Napster 迅速引发 mp3 音乐下载狂潮，用户数量迅速飙升至千万级别，甚至因为造成许多大学网络超载而最终被禁用。2000 年，多家音乐公司发现 Napster 严重侵权，纷纷发起诉讼，最后 Napster 不得不于 2001 年 7 月被迫关闭。

NFT 为何能保护数字版权呢？因为它可以赋予某项数字作品完全独特且唯一的标识，从而使之具有不可分割、独一无二、高度透明的特征。也就是说，应用区块链技术，NFT 为数字作品提供了唯一的、不可篡改或复制的证书，使之成为某种非同质化的数字资产。NFT 将数字资产与创作者永久绑定，相当于为作品添加了绝对可靠的真伪报告，能够在众多复制品鉴别出唯一的原件。理论上说，NFT 不仅可以为数字资产附加唯一性证明，还可以对身份证、学历等进行验证，解决现实世界中证明“我妈是我妈”的难题。

数字资产的 NFT 记录，既包括作品的原作者和所有交易流程，也包括作品诞生以来所有买卖情况和价格信息等。并且，NFT 数字资产每次转让，都会自动支付给原作者一笔费用，因而号称是“一劳永逸地解决版权问题”。因此，在网上交易 NFT 作品，只需查看作品中的 NFT 信息，便可确定真伪。

但是，如果不涉及所有权转让，比如你在网上看到一幅 NFT 画作，把它拷贝到电脑上，或者自己打印出来贴在家里，类似的复制品不包含 NFT 信息变动，也就不具有交易价值。换句话说，只要不涉及买卖，你就可以随意复制它。于是，有人就要问了：只要我不拿去商用，就可以随意传播？Napster 不就是这么做的吗？反正一众网友也不想拿着明星的歌去赚钱，听听就够了。因此，只要我不贩卖它，NFT 也管不着呀！可见，NFT 只是限制了盗版二次交易，并无法限制盗版行为。

不仅如此，在最初制作 NFT 时，如何确认版权？随着 NFT 市场的火热，出现许多“新型盗版问题”。2022 年 2 月，杰克·安东诺夫（Jack Antonoff）、

Eve 6、莎迪·杜普伊斯（Sadie Dupuis）、Deerhoof 等多位音乐人集体声讨音乐 NFT 交易平台 HitPiece，指责该平台窃取他们的音乐作品生成 NFT。在舆论和法律问题的压力下，该平台最终关闭。

2022 年 4 月 20 日，杭州互联网法院公开审理了“中国 NFT 第一案”：在被告“NFT 中国”平台上，有用户将原告方享有版权的作品铸造成 NFT 发布，售价 899 元，该 NFT 作品的右下角甚至还带有原作者的微博水印。最后，法院判决被告立即删除涉案作品并赔偿损失。

业内人士还指出，国内 NFT 平台的交易模式与国外平台不同。国外用户可以对自己的 NFT 商品进行交易、转让等，而国内用户仅享受收藏展示的服务，不能进行二手交易、转让赠送等。因此，发售 NFT 的主要受益方仍然是平台，创作者尚未成为真正意义上的“版权所有者”。

NFT 促进艺术发展了吗？从理论上说，作为一种确权工具，它的确有着巨大的潜力，可以破除原先以拍卖行为中心的鉴定、交易规则，将艺术品的收益归还给作者。但是，在现实中，NFT 与区块链的应用现状还很难让人们放心——毕竟区块链的应用程序编程接口、数字货币交易平台，都集中在少数几家大公司手中。所以，NFT 作品目前在艺术行业的运用还很有限。

并且，不少使用 NFT 技术的音乐人表示，在交易平台上卖出高价的依然是早已名声大噪的艺术家，新人的 NFT 交易量还不如唱片，这令他们感觉“NFT 不欢迎新人”。在很大程度上，NFT 仍依赖于艺术家的现实地位，它的引入只是进一步扩大了艺术品市场的马太效应，行业生态并没有实质性的改变。

去中心化创作

在未来的发展中，互联网公司搭建元宇宙平台，其中的内容主要靠用户创造，这蕴含着释放群众创造力，实现多元发展的可能性。就艺术而言，元宇宙艺术可能呈现百花齐放的局面，突破公司规制、艺术小圈子和陈规陋习的限制，形成某种去中心化、百花齐放而极具创新的“元宇宙大众文化”。

维基百科的出现和发展，已经证明广大网友在文化领域的巨大创造力，展示出“去中心化写作”的可能性。2001 年，维基百科建立，目标是“向全人类提供自由的百科全书”。它破除了由少数专家制定条目撰写百科全书的传统，将知识的编辑权交给公众，由公众决定何为知识，大家共同记录、相互校对。自此之后，各类百科网站不断涌现，成为新时代的知识分析体系。

几年后，一些网络文学创作者借鉴了维基百科的编纂形式，尝试一种全新的集体文学书写。2007 年，一位网名为“Moto42”的网友，在 4chan 论坛发布帖子，以档案报告的形式虚构了一只危险的不明生物。超出作者预料的是，这段“一本正经地胡说八道”的文字，引发模仿的热潮，网友创作大量衍生作品。为更好地收录、索引优秀作品，一些创作者为之建立了维基站，并持续运作至今，这就是“SCP 基金会”。人们在互联网上是如此介绍它的：

> SCP 基金会（SCP Foundation）是以一个怪诞科幻类架空世界为主题的网络共创文集。其核心设定“SCP 基金会”是一个虚构的神秘组织，不受任何国家或组织管辖，目标为收容和控制世界上的异常现象、事件、个体等（统称为“收容物”），以此暗中保护世界。其全称 Special Containment Procedures（异常事物应对）也被进一步引申为组织行动宗旨：“控制（Secure），收容（Contain），保护（Protect）”。每个收容物都会有一个对应的编号（如 SCP-XXXX），文集以这样一种编号档案的形式不断扩展，并以一种类似维基百科的方式开放编撰。

与之前的网络小说接龙不同，“SCP 基金会”的众多撰写者相互独立、互不相识。首创者 Moto42 甚至在一年之后才找到这个维基站。在 SCP，人们以一种共同约定的形式与风格进行创作，所有创作者亦是评论员，可以对新词条进行打分评价，以此决定该词条在作品集中的去留。由于创作者的审美不尽相同，各个词条之间不可避免地存在风格差异。但是，SCP 被设定为由不同的报告者书写的档案，这种差异恰恰使档案显得更加真实。并且，SCP 的版权保护以 CC-BY-SA 3.0 协议为标准，只要注明原作，就可改编乃至商用，而衍生作品必须遵守同样的协议。很快，宽松的条例激发了包括小说、游戏、动画等大量二次创作。

从维基百科到 SCP，网络催生的独特去中心化创作方式——人人可参与、人人可创作——既表现出惊人的创造力，也表现出惊人的传播力。不少人进入 SCP 时只是一个读者，但读着读着就兴起创作一段，不知不觉就从读者变成了作者。也就是，读者与作者的界限越来越模糊。由于元宇宙力主内容生产去中心化，以及从 PGC 转向 UGC，因此可以预见，类似于 SCP 的去中心化艺术创作活动，在元宇宙中将更多地涌现出来，甚至可能成为元宇宙艺术的主导方向。

有人将 SCP 与米洛拉德·帕维奇（Милорад Павић）首创的辞典体小说《哈扎尔词典》（*Dictionary of The Khazars*）相比较，称之为《哈扎尔词典》的“元宇宙版本”。在帕维奇的小说中，来自基督教、犹太教、伊斯兰教的三本辞典记载同一段历史事件，却构建出三个不同的故事，甚至不同辞典对同一词条的解释也完全不同。SCP 的共创模式，让人们看到元宇宙叙事创作的另一种可能性。

然而，去中心化创作往往意味着管理薄弱。去中心化的管理难题，同样会在元宇宙继续。比如，语言隔阂问题。参与 SCP 的人，说着不同的语言。虽然有网络翻译组的义务劳动，但有限的人力不可能应付各个语种的庞大作品库。所以，和维基百科一样，SCP 分成各语种的分站，由各国人员管理，并制定了不同的规范。即使在单个语种分站内部，也会因各个站点管理者风格不同而产生矛盾。

SCP共创模式的另一个问题是共创者缺乏准入标准。在SCP以游戏、动画等形式“出圈”后，吸引了许多小朋友的注意力。在一款SCP衍生网游的评论区中，甚至有14岁的玩家抱怨社群过于低龄，让他深感不适。越来越多的低龄爱好者，希望编写自己的恐怖怪谈，但这些创作大多流于简单粗暴。于是，SCP管理者将之列入“儿童邪典”，进行管制、删除等处罚，不少核心作者对此表示认可，希望此举能遏制SCP过度扩展导致的种种乱象。

“儿童邪典”事件说明，目前SCP共创模式远未成熟。“去中心化”激发了广大民众的创造力，或许可以实现以量取质，但仍需要较为完善的大众评审机制和新形式的管理智慧，才能使之走得更远。

娱乐至死

元宇宙艺术最大的问题，并不是管理问题，而是已经出现迹象的过度娱乐化、商品化的消费主义倾向。实际上，对当代艺术的消费主义批评由来已久，我们担心的是同样的情形又在元宇宙艺术领域重演。

在技术哲学家贝尔纳·斯蒂格勒（Bernard Stiegler）看来，当代艺术危机的实质是当代艺术被过度卷入消费逻辑中，从而成为消费主义社会控制每个人的工具。他将艺术卷入商业、政治和社会斗争的情况称之为“象征的苦难”（Symbolic Misery），即艺术在当代遭受的某种“美学苦难”。

当美学调节成为社会控制最重要的手段时，艺术象征被简化为计算，被大量传播、交易和消费。商业巨头成为“美学导师”，通过各种大众传媒教大众何为美、如何审美，实际上是将审美评价与诱导消费绑在一起。技术哲学家尼尔·波兹曼（Neil Postmann）曾经指出，在电视产生之后，广告从理性劝导，演化为感性刺激。在黑白报纸时代，一个食品广告会侧重商品的成分数据、效果分析、同类比较等，而在彩色电视荧幕上，只需要几名帅哥美女摆出相应姿态，暗示你“买了它，就可以像我一样美”。

在消费主义社会中，消费与娱乐两位一体：一切都是娱乐，一切都是消费，消费才快乐，快乐地消费！在元宇宙中，极致沉浸更是让娱乐达到快感的极致。在艺术领域，元宇宙技术用于艺术活动，这使得艺术作品给观众带来更深的沉浸感，以至于很难区分艺术作品是因为快感还是艺术性而吸引了观众。所以，很多艺术家拒绝过度使用新科技创作作品，认为这是某种诱导感性的技术，是对感官沉浸规律的数据总结，观众获得的并非通过理性审美产生的真实审美体验。

进入网络时代，技术与消费更加紧密地结合在一起，流行文化和大众文化彻底被商业所俘虏。以网络文化为例，根据官方数据，截至 2021 年 12 月底，我国网络文学用户总规模达到 5.02 亿，较 2020 年同期增加 4145 万，占网民总数的 48.6%，读者数量达到史上最高水平。就作品类型而言，玄幻、悬疑、校园题材仍然持续走高，科幻、轻小说、电竞、二次元等题材也成为创作热潮。

面对网络文学的热潮，很多人表示质疑：商业化的网络文学是真正的文学吗？应该说，网络小说中不乏优秀作品，特别是在发展初期，许多创作者只是想要以文学形式抒发真情实感。但是，大多数网文商业化平台更多是将网文作为商品，设立打赏、全勤奖、榜单等一系列机制，不断将网文推向商品化、快餐化。

在网文平台的评价体系中，商品价值全面压倒文学价值，更新速度重于文章质量。在编辑对新作者的培训中，他们不仅强调作品文学价值的重要性，还重视读者的阅读兴趣，也就是写读者爱看的内容、情节。而网文作者们往往会自觉地称呼自己为“写手”而非“作家”，或是和程序员一样自称“码农”。

因此，很难将网文繁荣与文化振兴完全等同起来，但网文着实带来商业繁荣。2021 年 2 月，《2019—2020 年度网络文学 IP 影视剧改编潜力评估报告》显示，前两个年度的网文 IP 拉动下游文化产业总产值累计超过 1 万亿元。阅文集团 2021 年的 IP 改编有声作品，全年点击量达到 120 亿次，共授权合作 144 个短剧 IP，仅排名最高的两部作品的总播放量就超过 4100 万次。

然而，真正挣钱的只是少数的网文作者。许多作者抱怨网文平台的霸王条款，比如作者收到的各种打赏要给网站一半左右的分成，且作品的影视改编权都归平台所有，后续分成与作者无关。大部分新作者的待遇是：先连续发布 3 万字至 5 万字的内容，再向网站申请签约，成功后才可能获得报酬。因此，与其说商业化网文促进民众的文学创作热情，不如说平台找到了一大批方便剥削的廉价劳动力。其中，亦不乏签约作者将作品层层转包给更廉价的“枪手”，形成“剥削链”，于是抄袭、套路化、逻辑断裂已经成为最受读者诟病的行业乱象。

在元宇宙时代，多媒体、互动技术的应用，使得消费主义宣传更上一层楼，艺术审美与感官娱乐越来越难以区分。很难相信互联网时代过度消费的状况在元宇宙中不会登峰造极！对此，赛博朋克文艺作品早有预见。甚至一说元宇宙，很多科幻迷脑海中就会自动浮现电影《银翼杀手》中的消费主义街景：到处是超大幅电子广告板，纵横交错的广告霓虹灯上有各国语言，它们被用于诱导路人进行消费。

在元宇宙平台的劝导和激励之下，审美与诱导消费进一步紧密结合，会不会形成“劣币驱逐良币”的趋势，会不会伤害优秀的艺术作品和大众文化，最终剩下一堆五光十色的文化垃圾呢？对于这个问题，国家、社会和公众都必须警惕。

7

元宇宙游戏：『虚拟人生』还是『地球Online』？

新世纪以降，国人见证了游戏产业的崛起：从单机到联网，从电脑到手机，游戏形式日新月异。随着元宇宙的崛起，电子游戏的元宇宙化注定成为未来最重要的趋势。一方面，随着 VR、AR 等游戏新科技的应用，3D 化、全息化的游戏越来越多，表现形态越来越生动。另一方面，单机游戏、主机游戏乃至传统的桌面游戏，都将与元宇宙逐渐融合，激发出游戏中蕴含的无限可能。

哪个产业最欢迎元宇宙热？在元宇宙中，干什么最赚钱？不管外行还是内行，十之八九的回答会是：电子游戏。的确，就目前情形看，元宇宙电子游戏是最“看得见摸得着”的元宇宙发展方向。毫无疑问，与元宇宙游戏相伴的，少不了关于它“毒害青少年”的指责。因此，我们既不能轻视元宇宙游戏的正面价值，也不能否认它可能导致的社会冲击和负面效应。

游戏的“XR版本”

通过包括 VR、AR 在内的各种“XR”加持，使游戏玩家的动作与化身高度同步，网络游戏体验将突破三维图像，让人感到自己仿佛直接置身于游戏场景中。在一些人看来，元宇宙就等于 XR 打造的电子游戏世界，典型的便是科幻电影《头号玩家》《失控玩家》所展示的神奇世界。在很多时候，此类看法包含着轻视的意思：元宇宙是游戏，游戏就是玩儿，没什么价值。

元宇宙等于网络游戏的 XR 版本吗？不，我们应该区分元宇宙与元宇宙游戏。显然，元宇宙比元宇宙游戏广泛得多，并不局限于游戏领域。在很多非游戏的元宇宙活动中，同样用到虚拟化身，但未必需要与游戏类似的自定义形象，而可能直接采用全息影像技术，将用户本人的形象投射进元宇宙之中。在未来的诸多元宇宙活动如行政和商务等工作之中，人们更有可能使用本身的形象。也就是说，它们完全还是工作，而非游戏活动。

反过来，游戏是元宇宙重要的组成部分。并且，目前游戏的确能够帮助大家想象元宇宙的未来。游戏的类型多种多样，元宇宙的类型也绝非只有一种。游戏的功能不仅有娱乐和放松，元宇宙的功能也可以多维度地展开。所以，不能因为很多人是从游戏角度构想元宇宙的，就贬低元宇宙。并且，作为游戏形态的未来元宇宙，除了用于休闲，还可以进行社交、学习、审美、创造、想象和某种形式的劳动活动。最近，元宇宙教育大火，很多人都对元宇宙与教育产业相结合非常乐观。

游戏之所以能让人感到愉快，是因为它是一种自觉自愿的行为，与自发性的自由劳动有着诸多相似之处。在游戏发展的过程中，一个明显的趋势是玩家自由度不断提高：从最早的游戏写什么玩家就玩什么，发展到给玩家有限选项，让玩家自己选择更加喜欢的发展路线，再到后来突出玩家的自由探索，或只提供一个平台，让玩家自己搭建所需的游戏要素。

在元宇宙游戏中，玩家自由度将得到极大地彰显。比较不同的定义，未来元宇宙游戏最可能融合如下元素：（1）开放世界（Open World），即玩家可以自由进出；（2）沙盒（Sandbox），即平台提供构建单元和工具，玩家自主建设游戏世界；（3）传统 RPG（Role-play Game，角色扮演游戏），即玩家自由扮演心仪的游戏角色；（4）社交网游，即在游戏中建立社交关系，完成社交活动。可以说，玩家在元宇宙游戏中完全可以建设自己的世界，并与其他玩家建设的个人世界进行互动。

"元宇宙第一股"罗布乐思的 CEO 大卫·巴斯祖奇（David Baszucki）归纳过元宇宙 8 个关键词：身份、朋友、沉浸感、低延迟、多元化、随处可及、经济系统和安全，他认为 XR 的应用是元宇宙的关键所在，但又绝不是唯一的模式。Roblox 就是一个面向少年儿童的游戏平台，本身没有固定的游戏，而是为玩家提供一套简单易行的游戏开发工具，即 Roblox Studio，让玩家自己搭建游戏并相互体验，还可以用自己的游戏赚取收入。此外，玩家还可以通过 Roblox 平台进行社交，平台内部有好友系统和群组功能，好友不仅可以在平台上互动，还可以相互推荐游戏，并在游戏中互动。于是，Roblox 中的游戏与社交相互支持，相互促进。

简而言之，Roblox 的成功在于它统合了 3 个系统：游戏、社交、经济。正如罗布乐思的营销副总裁塔米·波米克（Tami Bhaumik）所说，“Roblox 平台上游戏的多样性和深度是真正能引起玩家共鸣的东西，它无法被某一个单一的东西取代。”

乍一看，元宇宙游戏平台似乎可以实现许多人儿时的美梦：一边玩游戏，一边赚钱。可细究起来，如此美梦只能在很小的程度上、很少的玩家中实现。为什么？虽然每个人都可以发布自己的游戏，设置付费机制，但只有专业制作的少数游戏可以实现盈利。并且，不少人指责 Roblox 在允许用户通过游戏获益的同时，又通过抽成机制、提现门槛等规则掠夺了绝大部分的盈利。不少玩家警告新手：“新手和儿童最好不要幻想自己能在 Roblox 上赚钱，那里不属于你。”因此，很多游戏商家打出“边玩边赚钱”旗号，只是为了吸引更多的人加入元宇宙游戏，如果你百分百当真，那么你就百分百输了。

玩游戏赚钱

Web3.0 概念的提出者加文·伍德（Gavin Wood），将 Web 3.0——如前所述，很多人将 Web 3.0 与元宇宙等同起来——描述为“基于区块链技术的网络经济生态系统”。从 Web1.0、Web2.0 到 Web3.0 的进化线索，勾勒出电子游戏的演进路径：Web1.0 时代，玩家购买游戏，交易结束；Web2.0 时代，玩家可以在游戏中创造虚拟资产，但资产转化的经济收入与玩家几乎无关；而到了 Web3.0 时代，玩家创造的数字资产归自己所有，并参与利益分配。

在 Web 3.0 时代，游戏玩家如何实现“资产化”呢？关键在于将游戏与区块链融合，走向区块链游戏（简称“链游”）。链游内部的经济系统建基于虚拟的加密货币或 NFT 之上，玩家之间可以自由交易，交易对象包括游戏角色、皮肤、道具等。游戏开发商从每一笔交易中抽取手续费，而不会直接干预游戏内部的交易。也就是说，玩家交易所得的绝大部分收益可以装入自己的腰包。

有些老玩家可能会说，这有什么新奇的呢？网游里的道具、账号交易不是早就有了吗？只不过大部分都是绕过游戏公司的私下交易，不完全合法。再说道具能卖多少钱？其实，在区块链加入之后，二者的差别还真不小。

在网游中，大部分游戏道具不具有唯一性。即便是所谓“限量版”，也往往会发布成百上千份。再加上网游公司不仅隔三差五就发布一些“限量版”道具或皮肤，还会在节假日把之前的“限量版”捞出来再卖一波，许多老玩家早就受够了这种套路。与之相比，链游强调道具的唯一性和永久性，它的价值不依赖于游戏本身，因此大多数链游都使用 NFT 作为主要商品形式。俗话说“物以稀为贵”，做到独一无二，价格自然就涨起来了。前几年，链游《迷恋猫》（*CryptoKitties*）就爆出了“天价虚拟猫”的新闻：

2018 年 10 月，《迷恋猫》迎来第 100 万只虚拟猫的诞生。在这款游戏中，玩家首先需要使用加密货币购买小猫，每只小猫都是独特的 NFT。在拥有了两只猫之后，玩家就可以让它们繁育更多的 NFT 小猫，并在市场上出售它们。起始售价由玩家自行决定，随着时间的推移，价格会不断下降，直到小猫被另一位玩家买下。《迷恋猫》于 2017 年 10 月 19 日发布，同年 12 月，一只名为“创世纪”（Genesis）的畅销猫就卖出了约 11.4 万美元的价格。而在 2018 年 5 月的一场拍卖会上，一只虚拟猫更是卖出了 14 万美元的天价。

看到这里，可能有人会说：这不过是一群有钱的艺术收藏家炒作而已，跟我这个老百姓有什么关系？这个想法其实不对，此类 NFT 商品有扩展到艺术圈之外的巨大潜力。

2021 年，一个名为《玩游戏挣钱》(Play-to-Earn) 的短视频在 YouTube 上广受关注。视频的主角是几名菲律宾的平民百姓，包括刚毕业的大学生、三轮车师傅、一对老年夫妇等。由于疫情的影响，他们无法正常工作，便在家中依靠一款游戏辛苦地维持生计。这说明链游市场已经扩展到普通人，甚至是贫困家庭之中。也就是说，“天天不工作在家玩游戏”的愿望已然成真——以一种看起来并不怎么开心的方式!

这款游戏名为《无限的阿蟹》(*Axie Infinity*)，由越南游戏工作室 SkyMavis 开发。在游戏中，玩家收集、繁育一种称作“阿蟹”(Axie) 的 NFT 宠物，并用它们进行对战。这些宠物的外形设计灵感来自墨西哥钝口螈，拥有 4 种战斗属性和 9 种职业，需要集齐 3 只组队作战。与《迷恋猫》类似，玩家可以用两只“阿蟹”繁育出新的“阿蟹”。宠物属性越高，繁殖难度和培育费用就越高，也更容易在市场上卖出高价。游戏中的所有交易均用加密货币进行，工作室为每笔交易收取 4.25% 的手续费。此外，游戏还开放了大约九万块虚拟地产，玩家可以通过交易土地来更快获取更多资源。

随着大量想挣钱的玩家群体加入，“阿蟹”的价格也被越抬越高。在 2020 年 8 月，最便宜的“阿蟹”也达到了约合 307 美元的市价。这就使得想要拥有第一只“阿蟹”的新玩家，需要支付高昂的费用来加入游戏。对于失去工作的贫民来说，这显然难以负担。为此，菲律宾的一些职业玩家成立了“公会”，将账号以低廉的价格租借给新玩家，并对其进行培训，之后新玩家将获得收入的三成上交给公会。到了 2021 年 6 月，这款游戏似乎已经成为一些菲律宾贫困家庭的主要收入来源，而且市场进一步扩展到了印度、印度尼西亚、巴西等国家。

发展到如此状况，《无限的阿蟹》还是游戏吗？如果把虚拟货币换成不能变现的游戏币，使得人们不能从玩游戏中获利，还会有多少玩家留下？至少对于贫困家庭来说，基本没什么人还会继续玩下去。当一款游戏是靠“赚钱”而非“好玩”留住玩家时，它真的还能称作游戏吗？

有不少人认为，《无限的阿蟹》相比于游戏，更不如说是披着游戏外皮的股票交易市场，甚至是一种不断找下家接盘的“击鼓传花”骗局，而游戏公会更像是借给新人启动资金的庄家。通过在贫困人口之中传播，这款游戏以新形式转嫁金融风险，本质上是对廉价劳动力的压榨。

除了 NFT 的噱头，链游中的自由贸易程度，甚至可能还比不上“第二人生”，而“第二人生”中出现过的通货膨胀、金融犯罪、网络安全等问题同样出现在链游之中。在《无限的阿蟹》走红之后，菲律宾政府也提出应就游戏中收入征税的问题。随着红利期过去，2021 年 9 月，游戏的回报已经低于菲律宾最低工资水平。2022 年 3 月，便宜的“阿蟹”价格跌至了约合 20 美元。

所谓的“边玩边赚钱”，终究成了“既不好玩，又不赚钱”！亲爱的读者，对不对？

因此，在资深玩家群体中，链游和 NFT 更是名声不佳。许多人指责它们不仅不是真正的游戏，而是对游戏的剽窃与破坏。虽然也有一些游戏公司开始关注链游，但对其持有怀疑态度的更多。对此，Xbox 首席执行官菲尔 · 斯宾塞（Phil Spencer）就评价过："就我目前看到的一些创意来说，链游感觉更像是剥削，而不是娱乐。"

2021 年 10 月，著名游戏平台 Steam 颁布新规，禁止区块链游戏进驻，并下架所有已在使用加密货币和 NFT 的游戏。负责人"G 胖"加布 · 纽维尔（Gabe Newell）在采访中解释，他相信区块链技术是伟大的发明，但目前人们的使用方式过于粗犷，目前的 NFT 游戏大多粗制滥造，还有太多坏人用它进行违法勾当。

从可能性上讲，链游的确包含着 Web 3.0 的愿景，但当下的链游恐怕与理想相去甚远。在游戏形式上，大家所看到的不过是对宠物养成对战游戏《精灵宝可梦》、放置游戏《无尽的饼干》（*Cookie Clicker*）、沙盒游戏《我的世界》等经典作品的"粗略借鉴"。玩家所推崇的故事性、艺术性、情感共鸣与思想深度全然没有，可作为"社畜"的"代入感"和"沉浸感"倒是满满当当！这不禁令人感慨：自劳动异化之后，游戏也要异化了吗？如果连游戏都"不好玩"了，那这个世界是不是真就"玩完了"？

站起身，动起来

幸运的是，还是有不少游戏工作室，致力于将元宇宙游戏变得更“好玩”。20 世纪末，虽然游戏作品 *Virtual Boy* 失败，但任天堂并没有放弃对 VR 游戏的探索。2006 年，任天堂进军“体感游戏”（Motion Sensing Game）市场，发布新一代游戏主机 Wii。在体感游戏中，手柄中的运动传感器会将玩家的动作同步传递到游戏中。比如，在高尔夫球游戏中，玩家可以将手柄当作球杆，像现实中一样握住和挥动手柄进行击球。很快，索尼和微软也分别发布了体感游戏主机 PlayStation Move 和 Xbox360。一时间，体感游戏大受欢迎，长期坐在屏幕前的玩家纷纷站起身来，在玩游戏时进行运动。

体感游戏的成功，让许多游戏公司恢复对 XR 游戏市场的信心。在 VR 市场反复浮沉的同时，AR 悄然兴起。1990 年，波音公司前研究员托马斯·卡尔（Thomas Caudell）提出 AR 的概念。不同于 VR 让玩家进入虚拟世界，AR 则是利用三维建模、传感等多种技术，将虚拟物体的影像融入现实世界。电影《失控玩家》就展示过类似的 AR 眼镜设想：一旦戴上眼镜，就仿佛

“开天眼”一般，种种肉眼无法看到的虚拟物品浮现在眼前。2012 年推出的谷歌眼镜，即 XR 领域的一次尝试。

2016 年，任天堂发布“精灵宝可梦系列”新游戏《精灵宝可梦 GO》（以下简称《宝可梦 GO》），迅速成为一款现象级的 AR 游戏。玩家需要利用 GPS 定位，在现实世界的地图中寻找、捕捉被称为“宝可梦”的宠物精灵，并与其他玩家对战。当玩家走到正确的地点时，可以通过智能手机的摄像头看到隐藏的宝可梦和其他道具。该游戏于当年 8 月 17 日获得 5 项吉尼斯世界纪录认证，即“上线一个月以来收益最多的手游”“最快取得 1 亿美元收益的手游（耗时 20 天）”“上线一个月后下载次数最多（约 13000 万次）”“上线一个月后在最多国家下载次数排行第一（约 70 多个国家）”及“上线一个月后的收益额在最多国家排行第一（约 55 个国家）”。

像是对玩家发出了“GO！”（动起来！）的指令，《宝可梦 GO》让一众“游戏宅”破天荒地走上街头，四处奔跑，捕捉散在各处的宝可梦。与体感游戏一样，这款游戏倡导更健康的游戏方式。不过，也有不少人对这一点提出质疑。

在一篇题为《死因：精灵宝可梦 GO》（*Death by Pokémon GO*）的论文中，普度大学的研究人员指出，许多玩家时常一边玩着游戏，一边开车经过可刷出道具的“精灵站”（Poké Stops），因此在这些地点附近，交通事故及相关车辆损坏、人身伤亡显著增加。该文统计了一个城市的数据，并以此推断出 2016 年 7 月 6 日至 2016 年 11 月 30 日，估计美国全境因《宝可梦 GO》而增加车祸约 14.5 万起，导致近 3 万人受伤、256 人死亡，车祸和死亡造成的损失可能在20亿至73亿美元之间。

显然，游戏会影响人的行动方式。从必备环节"新手引导"开始，游戏不断教育玩家如何按照要求行事，并通过持续反馈和激励，将这种行为模式植入玩家的头脑和肌肉记忆之中。不过，对《扫雷》之类的小游戏，人们难以产生较强的沉浸感，很快可以脱离游戏的逻辑。由于元宇宙极高的沉浸性，XR游戏势必将以一种前所未有的方式诱导玩家形成习惯。试想一下，如果《扫雷》是一款全身沉浸式的XR游戏，稍有不慎便会被炸得"血肉横飞"，你在迈步向前的时候，还会像点击鼠标一样轻松吗？

以《宝可梦GO》为例，也许这个游戏的初衷在于倡导运动、促进健康，但事实上，它的确增加了伤亡风险。如今，许多"低头族"走在大街上，边打游戏边过马路，其中的危险性不言而喻。疫情期间，国外不断有玩家为捕捉宝可梦随意出门被警察逮捕的新闻爆出。那么，游戏公司应当对此负责吗？

很多时候，设计者往往是在事故发生之后，才开始想办法补救。体感游戏需要大幅度甩动手柄，玩家一不小心就会导致脱手，甚至砸坏其他财物。游戏公司时常接到关于手柄的投诉，因此在后续改进时，将手柄腕带进行加固设计。对于《宝可梦GO》的各种弊端，开发商也做出后续调整，如修改游戏机制以适应隔离制度，还提出将手机改为手环的设想。

事实上，任何一种技术都存在风险，XR游戏也绝不例外，目前的游戏技术水平很难让人安心。在激烈的竞争压力下，游戏开发周期不断压缩，甚至测试不完全就赶着上市。比如，2020年底，广受期待的《赛博朋克2077》

就因“Bug 成堆”饱受批评。游戏网络平台化使得出售游戏不再是一锤子买卖，即便是单机游戏，也可以根据玩家反馈，不断发布升级版本，打上补丁。在元宇宙游戏尚未完全成熟的当下，“亡羊补牢”式的修补或许还可以应对。而当 XR 游戏与日常生活更紧密地结合时，乐趣会大幅增加，风险也会大幅提高，若不在事前考虑周全，“娱乐至死”的字面意思就可能成为现实。

RPG人生

游戏与社交密不可分，许多游戏本身即具有明显的社交属性。一些人认为，元宇宙游戏更接近于社交类网络游戏，关键在于玩家自己创建角色并在虚拟世界互动，即进行网络社交。

在电子游戏之前，棋牌类游戏都不只是比赛，更兼具社交功能，因此在不同文化传统中都广受欢迎。此类游戏往往需要凑齐一定的游戏人数，而网络刚好是一种很好的召集方式。所以，许多传统游戏很早就被搬到网络上，很多年轻人教父母玩的第一款网络游戏就是以棋牌为主的“联众大厅”。但是，“联众大厅”主要以娱乐功能为主，而社交功能从属于娱乐休闲。

之后，越来越多的网络平台出现，将社交与游戏更加紧密地结合起来。比如，人人网（原校内网）引入五分钟工作室的小页游《开心农场》，曾在各年龄段用户中兴起一股“偷菜潮”，甚至被移植到海外平台。

总之，游戏增加社交平台的交流频率，社交又增强了用户对游戏的黏性。很快，不少投资者看到其中的商机，一系列多人在线式的大型社交网游火了起来。这些游戏常常采用 RPG 的框架，并弱化传统 RPG 中固定的角色剧本，让玩家自由扮演。RPG 游戏将在元宇宙中日益流行，主导元宇宙游戏的发展方向。

虽然同样突出玩家的角色扮演，但元宇宙 PRG 与传统 RPG 有着本质不同。在单机游戏中，RPG 剧本相对固定，玩家体验的是另一个世界、另一段人生。在元宇宙 RPG 中，游戏主要由大量玩家互动，虚拟化身更多只是一件外衣，社交方式仍取决于玩家的选择。同时，游戏仍然处于核心地位，社交围绕游戏展开。游戏公会的建立，不是纯粹为了沟通感情，而是齐心协力发动“公会战争”等游戏活动。无论如何，元宇宙游戏玩家并不以本人的社会身份参与游戏，而是使用自己所扮演的 RPG 角色参与其中。

在未来，元宇宙会分化为许多不同的子宇宙空间。我们在工作时间以本来形象进入某个子宇宙，在娱乐时间再以另外的化身形式进入其他子宇宙。通过 XR 技术的帮助，本主与化身高度同步，用户似乎不再单纯用手柄或键盘操纵屏幕上的小人，而是“精神进入另一具身体”。换言之，具身性带来更强烈的真实感，元宇宙游戏中玩家的感觉无比接近真实世界。

1982 年，在短篇小说《整垮珂萝米》(*Burning Chrome*)中，吉布森描述过一种名为“模拟刺激”的新兴行业：“模拟刺激明星”的从业者，将自己经历某些事件时的神经状态，储存在特制的名为“模拟刺激盒”的小盒子中。消费者购买“模拟刺激盒”之后，将盒子连接在头上，储存的神经状态就会复制到使用者的大脑中，使之全方位地体会到“明星”在这段经历中的所有感受。

在未来的元宇宙，类似的技术很可能成为现实。通过某些 XR 装置，玩家可以完全沉浸在另一段足以乱真的“人生”中。显然，这并非真正的人生，而是类似于某种 RPG 游戏。通过看小说，善于移情的人可以体味到别样人生。而有了元宇宙新技术，“RPG 人生”显得如此真实，以至于玩家对此津津乐道，甚至产生足以改变心性的深刻感悟。

就算不使用“模拟刺激盒”，以自定义化身为媒介的社交在未来也会越来越多地渗入现实生活。当前只有游戏中才存在“捏脸”之类自己设定形象的程序，在元宇宙中则可能会有更多非正式场合的社交以化身的形式展开。换言之，未来生活会越来越 RPG 化。如此元宇宙“RPG 人生”，会不会让人心智混乱呢？

在电影《失控玩家》中，男主角就发出了这样的疑问：“当你发现整个世界都是程序编造的，还有什么是真实的呢？”他的挚友回答他：“至少我知道，此刻的心情是真实的，对你的关心也是真实的。”不少人对这样的回答产生共鸣，认为人际关系不存在现实或虚拟之分。毕竟，就算是在现实生活中，人们依然会戴上面具，伪装自己的真实想法，与虚拟世界的化身社交没什么不同。

如果真的如此，正如有人更进一步提出的，人生也不过是一场 RPG，与游戏的唯一不同在于它采用“一命通关”机制，不能读档重来。对此，VR 公司 Oculus 的首席科学家迈克尔·亚伯拉什（Michael Abrash）认为：“只有当我们生活在一个由虚拟和真实交织在一起的世界时，以人为本的计算才能真正发挥出完全的潜力。”因此，未来的元宇宙游戏最终会让人生与 RPG 交融。

公共领域消亡

人生真的只是一场不可重来的 RPG 游戏吗？绝对不是。

对于“模拟刺激盒”的使用者来说，现实与虚拟并不难区分——在“模拟刺激盒”的内容播放完之后，用户终究要回归冰冷的现实。就像 Wii 平台的高尔夫球游戏，一部分人在现实中体验到的东西，另一部分人只能通过虚拟技术来体验。高尔夫是一种花费高昂的游戏，穷人所获得的元宇宙高尔夫体验并不等于真的高尔夫游戏。如果虚拟现实技术可以以假乱真，那么在发放年终奖的时候，是不是可以取消度假，换做批量生产的“发奖金模拟刺激”，反正从体验上来讲是一样的，又有什么好抱怨的呢？也就是说，元宇宙 RPG 刺激使得“剥削”和贫富差距变得更加隐蔽，更容易让人接受了。

毋庸置疑，生活与活着不一样。生活是真实的人生经历，需要人与人之间的真实交往，而活着则被限定于某种感觉的体验，包括并不存在的虚拟社交。元宇宙可以让穷人体验到富人日常生活的感觉，却不能改变贫富差距。虚拟现实终究不是现实。在化身社交中，参与者虽不再以貌取人，但言谈举止之间的差异却是无法掩盖的。如同当下的网游，未来的元宇宙很可能会存在不同“服务区”，少数富人甚至会拥有“私服”，阶层的藩篱肯定依然存在。

有人指出，社交媒体出现之后，社交空间就被私有化，被互联网公司用来赚钱，尤其是进行广告活动，而在元宇宙中，社交商品化走到极致，社会公共领域因而“消亡”。

“公共领域”是哈贝马斯在《公共领域的结构转型》中专门论述的一个概念。它不等于公共场所，而是指现代社会出现的，介于国家与社会之间的，公民参与政治、形成公共舆论的某种场所，如沙龙、报纸、咖啡馆等。哈贝马斯认为，公共领域是 19 世纪西方社会才真正出现的，而 20 世纪资本主义国家开始加强对公共空间的控制，操纵公共舆论，使公共领域逐渐成为国家向公众灌输意识形态，以及企业向公众灌输消费主义的工具，因此公共领域在 20 世纪下半叶开始遭遇危机。

因此，元宇宙社交完全私有化的批评，承袭哈贝马斯公共领域危机的思想。首先，这种批评将之应用于元宇宙领域，即指责元宇宙可能成为威胁舆论自由的帮凶。其次，这种批评直指互联网垄断平台将社交异化，将之变成赚钱工具。目前，元宇宙社交刚刚起步，但经过一段时间的尝试，互联网公司肯定不会放弃这个“聚宝盆”，重演 Facebook 以社交谋利的活剧。除此之外，国家和政府也不会放任互联网巨头利用私有化的元宇宙社交干预政治生活，一定会将力量投射到元宇宙社交领域。当然，在资本主义社会中，互联网巨头与资本主义国家利益一体，但相互之间的分歧和争权，在元宇宙领域仍旧避免不了。

无论如何，公共领域之“死”，在元宇宙中大概率要成为现实。即使在社交属性明显的元宇宙游戏中，也并不是想说什么就能说什么，很多时候你所说的恰恰是别人想让你说出来的，只不过你意识不到而已。在元宇宙当中，可能各类广告随处可见，各种思想灌输充斥，各种意识形态宣传无孔不入……这些都与当代真实生活和真实社交差别不大。

一句话，元宇宙 RPG 看似可以改变很多，但很可能最后什么都没能改变。

8

元宇宙时代的人：

未来还有人类，还有自然吗？

在各种赛博朋克文艺想象中，生活在未来元宇宙中的人类，与现在的人类有很大的区别。其中，最重要的区别当属人的赛博格化，即人类将越来越多地与各种智能机器相融合。很多人认为，近年来屡屡被热议的脑机接口，将是未来人类接入元宇宙机器的最好中介，而人类装上脑机接口就属于一种赛博格化。

除了普遍配置脑机接口，可能为了增强身体机能或修补身体损伤，未来很多人将装载各种类型的智能化机械肢体，成为半人半机器的赛博格。比如，小说《神经漫游者》中的女主角茉莉，便是一个出没于大街小巷的赛博格：

> 他发现她的眼镜是手术植入的，完全封住了眼眶。粗糙杂乱的黑发之下，银色的镜片似乎生长在她颧骨处光洁而苍白的肌肤上。她握枪的手指细长白净，酒红色的指甲似乎也是人工的。……她伸出双手，摊开手掌，白净的手指微微伸展，一声微不可闻的轻响之后，酒红色的指甲下面滑出十只四厘米长的双刃刀片。
>
> 她微微一笑，刀片又慢慢缩回。

那么，未来的元宇宙是否如赛博朋克小说所述，属于赛博格的时代呢？赛博格化对于人类的命运又会产生何种影响呢？

未来属于赛博格

“赛博格”概念最早是由美国国家航空航天局的高级工程师提出的。由于外太空生存环境很严酷，他们提出“人体增强计划”，即通过技术手段改造并强化宇航员的身体，使之能适应复杂的外太空环境。经过增强的宇航员，被他们称为“赛博格”，即“控制论有机体”（Cybernetic Organism）的合成词。

没过多久，“赛博格”一词就在流行文化中传播开来。后人类主义者认为，未来必然属于赛博格，也应该属于赛博格。在他们看来，新科技发展已经导致人类发生根本性变化，传统的人类概念已经不能描述未来人类的状况，因为人类即将发展到“后人类”（Posthuman）的新阶段。因此，后人类研究关注新科技对人类身体的改造，而赛博格便是改造之后的后人类。

什么是后人类？各类表述不尽相同，但都将之锚定为人类与智能机器的结合，认为身体与机器、人类实体与计算机虚拟之间并没有实质性不同或绝对的分界。在未来的元宇宙时代，智能机器不再仅仅是人类的外置装备，而是深入人体，取代部分或全部的身体机能。所以，未来必然属于赛博格。

并且，人类赛博化的旅程，早已经开启。在著名的《赛博格宣言》中，后人类学家哈拉维解释道：

> 多少世纪来，我们一直在不断制造出各种机器以代替我们的双手、双脚、耳朵、眼睛、舌头，及至大脑。而时至今日，我们已经从制造机器，进而演变成寄生于机器当中，机器已经成为任何一个普通人肢体的延伸——或者是人成为机器上的一个组件——或者他们都是赛博格身体上的器官。来自上帝之手的人体已经和来自人类之手的机器拼接在一起。

也就是说，所谓“人类”“身体”的定义并非从古至今一成不变，而是被社会和技术不断改造。换言之，后人类主义者认为，“赛博格是人还是机器”之类的问题完全没有意义，因为人类一直是被建构出来的，一直游走于“纯生物”与“纯机器”之间。

在哲学上，此类观点被称为人的社会建构性，在一定程度上得到人类学研究成果的支持。胎儿到了多大才能算“人”，不同国家、不同文化的标准不同，所以这并不是一个纯粹的生物学问题。哪种身体状况才算正常，亦是如此，同样依赖于社会性的评价。生下来就有六根手指的人，在生理上和行动上并没有什么不方便，但是由于社会观念的影响，大部分有条件的人都会选择切除多余的手指。在中国，如今许多年轻姑娘痴迷于减肥，并非由于身体机能出现问题，而是因为迫于“以瘦为美”社会观念的压力。

因此，后人类主义者认为，人类应该走向赛博格，将身体从社会压力之下解放出来。也就是说，赛博格化反抗社会对身体的规训，将支配身体改造的权利交还给每个人。从思想观念来说，走向赛博格可以消除西方思想史中某些长期的二元对立观念，包括有机物与无机物、男人与女人、白种人与有色人种之间的对立。当大家的身体都可以自主改造时，因为身体差异而遭受的歧视就显得非常荒唐，而性少数群体也能得到应有的尊重——当人的所有身体“零件”都可自由地替换为机器零件时，谁还在意性别和变性之类的事情呢？

随着元宇宙时代的到来，虚拟化身的应用范围日益扩展，人的身体界限将更加模糊。在元宇宙中，以虚拟化身为中介，通过传感器同步化身与身体的感觉，使我们产生全方位的感觉沉浸。而虚拟化身可以变化，同一个化身也可以变幻容貌、性别等外部特征，甚至让人产生“分身”的错觉。与肉身相比，虚拟化身究竟是什么？有人认为，化身就是我们身体的一部分。的确，虚拟化身本质上与真实肉身不同，但仅从感觉上判断差别不大。

进一步而言，身体的社会建构性观点，由此可以推论出后人类主义的另一个重要主张：在一定程度上，今天所有人都是人机融合的后人类赛博格。在科幻动画片《心理测量者》中，未来世界的人类完全实现了将身体零件“义体化”的技术目标，很多人将部分器官更换为更加结实耐用的义体。但是，仍有人对全身义体化心存疑虑。于是，就有了如下一段记者与“全身义体化的先锋”泉宫寺丰久的对话：

记者：根据问卷调查，对于将全身超过半数部位义体化，大多数人感到抵触。

泉宫寺丰久：我能明白抵触者的想法，到头来，就是个程度的问题。就拿你来举例子，你也是个很典型的义体人。

记者：但是我没有义手义足，也没有人工器官。

泉宫寺丰久：你携带信息终端了吧？

记者：这个谁都会有吧？

泉宫寺丰久：那服装设备呢？

记者：当然也有。

泉宫寺丰久：然后在你家里，也有家庭自动化设备和 AI 秘书，要是那些东西的数据因为灾害或者事故一下子都丢失了，你会变得如何呢？

记者：这个……在恢复之前，什么都干不了。

泉宫寺丰久：明明自己的生活如此依赖电子设备，却说并不是义体人，没有说服力啊。对于你来说，移动终端已经是你的第二大脑了，我说得没错吧？科学的历史就是不断扩充人类的身体机能，也就是说，把它称作人类机械化的历史也不为过。所以我说，这是程度的问题。

除了大脑和神经细胞，泉宫寺丰久的身体全部义体化了。按照他的逻辑，在日常生活中，通过摄像头看东西，通过麦克风讲话，通过耳机听歌曲，通过电脑记东西，都意味着利用技术扩展我们的身体，以至于使用者离开这些技术设备，日常生活立刻会遭遇重大的挫折。比如，依赖助听器、心脏起搏器的人，几乎离不开这些设备。因此，在科技主导生活的今天，哪有什么纯粹的、离开技术的“自然人”呢？

到了元宇宙时代，身体感官对技术的依赖进一步加深。许多现在看来新颖的人体增强技术，在未来可能成为生活必需品。在过去的田园生活中，近视的人可能不会有太多生活障碍。但在现代社会，近视者若不佩戴眼镜，开车可能出现危险，还会影响工作生活。于是，近视眼镜成为不可或缺的身体扩展。在未来的元宇宙时代，AR 眼镜将成为某些场合的必需品，不戴眼镜的人就无法实现正常的社会互动。可以说，彼时佩戴 AR 眼镜会不会不再被视作一种“增强”，而只是在“弥补视力缺陷”呢？

当那一天到来时，人体增强成为社会正常状况，身体将会迎来完全的解放，还是会遭受更深的束缚呢？在漫画《攻壳机动队》中，军队会强迫士兵安装效能更高的人工义眼。这种眼睛具有更广阔的视角与更强的夜视能力，但也存在被黑客攻击的风险。这提示我们要注意极权主义利用赛博格技术，压迫人民的危险。也就是说，后人类主义呼吁身体的自由平等，但这种诉求并不会随着科技进步自动实现。

变愚蠢的人类

在一些人看来，赛博格化不限于对人的身体进行改造，也包括对人的智力、情绪和社交等方面的“心灵改造”。现在已经出现一些“聪明药”，据说吃了可以提高智商。自从计算机出现，新科技对人的心灵的改造日益明显。今天，电脑和智能手机俨然成为人们的“外脑”。很多人担心，由于智能机器不断代替人类去思考、记忆，会不会出现科技越进步，人类越来越愚蠢的情况呢？

2008 年，尼古拉斯·卡尔（Nicholas Carr）发表题为《谷歌在把我们变笨吗？》（Is Google making us stupid?）的文章，对以谷歌为代表的搜索引擎进行反思。他认为，搜索引擎让人的注意力变得分散，因此思考问题广而不深，而思维也越来越碎片化。比如，你可以随时调出搜索引擎，但这并不代表你就是一个万事通。你可以把搜索当作你的“外脑”，但它不会自动变成你所掌握的知识。

类似的问题，卡尔称之为“搜索引擎的陷阱”。搜索引擎给人虚假的全视感、全知感，似乎有了它，就坐拥知识之海。但是，真实的情况却是，很多人被知识的海洋所淹没。如何在海量信息中大浪淘沙，如何获取真正有效的知识，反而成为人们现在经常面对的问题。网上有一个搞笑段子："水100℃会开，人一百度会死"。当你身体不太舒服，去某搜索引擎搜索症状时，会发现它给出的答案基本上不是癌症，就是红斑狼疮，最低也得是精神分裂。这话有些戏谑，但说出一个道理：单纯依赖搜索引擎，难以获得真正的知识，因为搜索引擎终究无法代替理性思考，不能自动将信息转化为知识。

随着元宇宙时代的到来，我们可以追问同样的问题：元宇宙会让人更愚蠢吗？比如，VR让人不断沉浸在感官的世界中，根本不思考，长此以往对人的心灵会有什么影响？如前所述，著名的"黑白玛丽"思想实验说明，虚拟感觉经验并不等于真实的感觉经验。

人们在元宇宙中体验到大自然的鸟语花香，与亲自置身于大自然中获得的体验不同。从神经科学的角度来讲，VR感觉与人类真实神经状态相比，存在一个非常明显的不同点，即人类身体中有一套专门感受位移的神经系统，但VR无法反映身体的移动。即使在小说《雪崩》设想的高级元宇宙中，用户也是宅在家中，他们在元宇宙中神游九州，而身体却没有真正移动。在未来，元宇宙能不能将位移的神经状态一并复制，这一点目前还不明朗。即使能够复制，虚拟经验始终与直观经验是有差别的。

反过来看，我们不能否认搜索引擎的益处。如果使用得当，它不一定会让人变笨，而是可以帮助人们更快地学习。在《谷歌在把我们变笨吗？》中，卡尔提到，苏格拉底曾批判过文字书写，认为文字相比于口头传播，让人变得更加健忘。但事实证明：文字的使用并没有让人类变得健忘，反而极大地促进思维的力量。

同样，元宇宙虽然不能等同于物理世界，但在运用得当的情况下，也可以帮助人提高学习技能。很多人提出，可以用 3D 打印的生理、病理模型来取代真实的人体组织，用于解剖学实验课的练习，未来则可以借助 XR 技术实现虚拟解剖课的设想。而其他一些具有危险性、精密程度高的实验课程，同样可以利用 XR 技术为实战训练提供很好的铺垫与补充。不过，人类切不可过度依赖 XR 技术，将纸上谈兵的经验当作完全的真实经验，用虚拟认知取代真实认知。

超人类主义

在元宇宙时代，人类的肉身和心灵同时面对着“进步”或“退步”的可能性。随着元宇宙技术的不断发展，人类肯定会持续受到从“后人类”转向“超人类”（Transhuman）激进主张的诱惑，即放弃脆弱的身体和算力低下的心灵，将之改造为高性能的智能机器。简言之，不断增强，乃至不朽。在后人类主义中，超人类主义属于最典型的激进主张，即认为后人类应当超越赛博格，主宰自己的身心进化，成为超人类。

马克斯·莫尔（Max More）和雷·库尔斯维尔（Ray Kurzweil）等人，是超人类主义者的代表。他们认为，应当运用基因技术、人工智能、大脑科学等手段，对人类的大脑和身体进行彻底的技术改造。在过去，人类的进化掌握在自然手中，而随着新科技的不断进步，人类未来进化的方向应当由人类自己决定。于是，他们成立了“世界超人类主义协会”（The World Transhumanist Association），并提出“人类+”（Humanity+）的新概念，即技术改造的目标不局限于达到身体的完满状态，而是要追求更优，超越人类身体的极限。

在超人类主义者看来，衰老也是一种疾病，随着技术的发展最终能够“治愈”衰老。所以在不远的未来，死亡将会是一种自愿行为，每个人都应当拥有选择何时死亡的权利。显然，超人类主义属于典型的技术乐观主义，即对技术主导人类的未来非常乐观。

人类究竟如何实现“自主进化”？一些超人类主义者认为，应当拥抱人工智能，承认人工智能相对于人类的优越性，最终抛弃身体，实现“数字永生”。所以，超人类主义者认为，人类的最后一件发明将是“超级人工智能”（Superintelligence），之后它便会自动地推进科技发展，不断提升自己的能力，远比人类更加聪明、高效。

在一些人口中，类似的设想被称为“从碳基生命向硅基生命进化”。库尔斯韦尔认为，自从人类产生起，地球演化就进入了智能进化的新阶段。在科幻电影《2011 太空漫游》中，地球生命进化被划分为三个阶段：第一个阶段是类人猿进化，第二个阶段是人类进化，第三个阶段是 AI 进化。在激进的超人类主义者看来，进化的下一阶段不是让人工智能取代人类，而是人类主动成为人工智能，即“上传者”。用元宇宙话术来说，便是要“移民元宇宙”。

显然，类似的主张充满对技术的狂热崇拜，却没有看到“从碳基生命向硅基生命进化”中仍有许多难以解决和解释的问题，比如，人类和 AI 的区别是什么？ AI 做不到的事情，“上传者”为何能够做到呢？超级人工智能会让人类一劳永逸，坐享其成吗？不要忘记詹姆斯·拉伍洛克（James Lovelock）

的提醒：如果放任一个具有学习能力的超级智能系统在军事上自我进化，最终会带来怎样的后果？这是我们目前无法预计的。

超人类主义者立论的一个重要论证是：人类身体太过脆弱，不能适应未来的环境变化，所以对身体改造是必要的。比如，疫情造成广泛的社会难题，如果人类没有身体，不就不会被感染了吗？不过，“元宇宙中再无疫情”的结论，可能下得过早。

无论人类还是超人类，都永远无法彻底摆脱生存风险。小说《雪崩》描述过元宇宙中的“元病毒”，那是一种专门攻击神经系统，由代码技术与生物技术相结合制造出的“双料病毒”：

> ……如果病毒以二进制代码的形式出现，便会以光速在宇宙间四处飞蹿。它会感染一颗有文明存在的星球，侵入上面的电脑，自我复制，然后无可避免地通过电视、收音机及其他各种媒介广为传播。这样的传播不会在大气层边缘止步，数字病毒可以直接辐射到宇宙空间，永远连绵不绝。只要病毒信号来到另一颗存在文明的星球附近，上面又有像莱夫这样的人接收星际信号，那么这颗星球就会被传染。……如果病毒被置入电脑，电脑便会因为感染了新病毒而死机；但如果病毒进入了黑客的意识，便会更具灾难性，因为黑客对二进制代码的理解能力已经嵌入了大脑的深层结构之中，二进制的超级病毒会摧毁黑客的意识。

虽然小说家之言不能作为确凿的证据，但文中的问题在技术上是可能发生的。试想一下，在深度沉浸的 VR 幻境中，如果出现一种进行“VR 攻击”的电脑病毒，可能不仅会损害用户的电子装备，还会危害用户的身体健康。当 XR 技术和脑机接口技术进一步发展之时，是否会出现攻击神经系统的“赛博病毒”呢？高新科技的飞速发展，往往不是遏制风险，而是将风险进一步扩大。

基因改造是超人类主义者提出的另一条进化路线，其中同样包含巨大的技术风险。超人类主义者认为，在“是否会导致基因歧视”的问题上，超人类只是一种可选方案，人们应当自愿选择是否接受基因和 AI 的改造，因此超人类是自由意志的体现，而非强制性的标准。但是，自觉自愿就没有社会歧视吗？在现实中，无论是否处于自觉自愿，当一个人成为社会少数群体中的一员时，往往会受到歧视。在科幻电影《千钧一发》（*Gattaca*）中，基因改造是人类的一个可选项，未经改造的男主角从小就生活在生理上更优秀的“改造人”之阴影下。学校、单位也更倾向于录入基因优异的个体。此时，自由意志看似得到尊重，但代价却是与“效率优先”的社会机制相悖。

进一步来说，这涉及一个经典的哲学问题：技术进步能够惠及世界上所有的人吗？支持者认为，尽管存在各种社会问题，但就算是普通“打工人”，也能够用上智能手机，乘坐快捷的地铁，在办公楼里吹着空调，比中世纪王公贵族过得好得多。虽然当下 XR 技术只有少部分人使用，但当技术进步到一定程度，成本会降低，终究会惠及全人类。反对者则提出质疑：“打工人”真的比中世纪贵族过得好吗？虽然打工生活的科技水平远高于中世纪，但许多科技发展非但没有转化为个人福祉，反而造成对身体的深度剥削。比如，“996”让“打工人”得不到最基本的生命健康保障，还有什么理由说他们过得比王公贵族更好呢？

甚至一些后人类主义者也批评激进的超人类主义。凯瑟琳·海尔斯（Katherine Hayles）指出，超人类主义偏离了赛博格的解放宣言。后人类目标不是要成为高扬人类精神的“超人”，而恰恰相反，是对人类中心主义和本质主义的反叛。

更有不少人认为，过于强烈的技术乐观情绪，容易使人忽视人体增强技术带来的社会风险，“为什么不试试看”的心态只会令人类的处境更加艰难。因为今天的大部分新科技可能会导致不可逆的改变，也就是说，人类很可能没有试错的机会。布雷登·爱伦比（Braden Allenby）和丹尼尔·萨尔威茨（Daniel Sarewitz）认为，一旦技术效果达到全球的层面，增加的就不只是“社会－技术”系统的复杂性，而是会导致偶发性与不可预测性。因此，传统的工具性技术需要讨论问题与解决方案，而全球性技术讨论的是人类面对着什么“情况”，因为“情况”不会被“解决”，人们只能寻求接受、理解和明智的安排。

远离自然的人类世

传统观点认为，人类是一种动物，离不开自然界，所以人在城市生活久了，应该去农村、去野外放松放松。如果未来人类真的“移民元宇宙”，岂不是远离甚至彻底抛弃自然界了吗？这对人类未来的生存境遇究竟意味着什么呢？

事实上，对于人与自然的关系问题，早期赛博朋克文艺大多非常悲观。在第二次世界大战之后，科技反思浪潮盖过科技万能论的鼓吹。对核武器的恐惧与担忧，随着国际局势紧张与日俱增，人类可能走上自我毁灭之路的悲观情绪持续蔓延，以至于大量科幻作品都将故事背景设置在末日废土般的世界中。其中，自然几乎被人类彻底毁灭。比如，在《仿生人会梦见电子羊吗？》中，迪克描写的未来世界是核战之后的地球废墟，毒烟四溢，处处焦土：

……已经没人记得战争为何发生，还有谁赢了，或者到底是不是有人赢了。如今覆盖全球的微尘，并不来自任何一个国家。即便是战时的敌对双方，也不会蓄意制造这些尘埃。奇怪的是，首先死的是猫头鹰。当时的场面似乎很滑稽：院子里，路面上，东一只西一只地躺着那些胖胖的白鸟。但和生前一样，它们是天黑后才出现的，所以一时没有引起人们的注意。中世纪也曾发生过类似的瘟疫，从大批死老鼠开始。但这次，瘟疫是从天上降下来的。

……老在地球上瞎转悠的人，随时可能被打上生理异类的标签，变成对人类原始遗传基因的威胁。公民一旦被打上特障的印记，就算主动接受绝育，也会在历史中消失。事实上，他已经不算人类了。然而，地球上还是到处有人拒绝移民，个中缘由，就连这些人自己也永远弄不清楚。按理说，所有正常人都应该移民。也许是因为地球虽然已经毁得不成样子，但仍然是个熟悉的家，是个让人眷恋的地方。也许是因为他们仍幻想漫天的微尘终将落定。

迪克的颓废美学深深地影响了后来者，于是赛博朋克作品总是萦绕着一种对原始绿色地球的“乡愁”。废土之上，真实的自然界动植物成为奢侈品，人们只能“饲养”各种仿生生物，聊以慰藉。对于自然生物的热爱，反映出人类最本真的同理心：人类难道不是动物中的一种吗？如果仿生动物可以取代真实的动物，那么仿生人是否终将取代脆弱的人类？每当为又一个物种的灭绝而感到悲哀时，人类是否在动物身上看到自己的影子？因此，彼时自然成为一种伊甸园式的象征，一种废土世界中的精神寄托。

在元宇宙中，人类似乎能够获得某种无比真切的自然体验，比如虚拟出的一望无际的3D大草原和漫天飞舞的3D雪花。此时人类仍然需要真实的自然，离不开真实的自然，以及向往真实的自然吗？比起真实的自然，虚拟自然究竟欠缺了什么？

在哲学上，有一个经典的思想实验：

> 设想你的好友是一名宇航员，要去执行外星探索任务。但由于目标星球十分遥远，他将会使用冷冻仓进行冬眠，在100年后再苏醒，继续执行任务。因此，他再度醒来之时，你已经不在人世。所以，这一次告别将会是永别。
>
> 那么，来思考以下两种情况：（1）太空舱成功发射，你的朋友永远地离开了你；（2）太空舱在进入大气层时发生爆炸，你的朋友永远地离开了你。虽然在两种情况中，你与朋友都永久分别，但在你心中，这两种状况是一样的吗？

按照同样的思路，可以设计一个有关虚拟自然的思想实验：

> 你进入了元宇宙中的一座国家森林公园，这里对现实中的国家森林公园进行了全方位模拟。同样，考虑以下两种情况：（1）你之所以通过虚拟设备来到这里，是因为你最近患上了花粉过敏症，

你想要在健康的状况下尽情欣赏自然景观；（2）你进入元宇宙森林公园，是因为森林在世界上早就不复存在，你想要知道书上所描述的那种自然景观究竟是什么样子的。那么，在你心中，这两种体验会是相同的吗？

显然，终究有一些东西，无法被虚拟现实取代。比如，虚拟出来的邓丽君在元宇宙舞台一展歌喉，与真实的现场演出相比，带给听众的感受是不同的。

除了人类感受的问题，自然本身的多样性、复杂性，以及由此带来的系统稳定性，也无法被虚拟现实取代。在这一点上，自然形成与元宇宙建设有些类似。元宇宙建设往往强调用户的“自由度”，即让每个用户做自己想做的事情，而非按照既定的“剧本”进行。自由建设提升元宇宙的复杂性，使人无法预测系统的未来走向，反映出更加真实的状况。自然界也是如此，因而我们可以模拟自然界的变化情况，但无法预知它究竟会向着什么方向发展。这正是自然界变化多样、生生不息的根源。

自然界的多样性支撑着生态系统的稳定。可是，地球上人类的活动正前所未有地干涉自然界的运行，甚至催生出“人类世”（Anthropocene）的说法。20 世纪之交，生态学家尤金·斯托默（Eugene Stoermer）和大气化学家保罗·克鲁岑（Paul Crutzen）提出“人类世”概念：近几个世纪，人类活动对地球大气圈和生物圈产生史无前例的影响，因此足以将之划定为新的世代，即“人类世”。“人类世”不仅是地质学理论问题，更是人类共同面对的现实难题。

后来，克鲁岑又提出“大加速”概念，意指 20 世纪中叶以来，全球环境变化在速度、规模和范围上不断加剧。于是，与经济飞速发展相对应，人口增长、城市化、平流层臭氧损耗、森林砍伐、含水层枯竭、化肥使用、海洋酸化、物种灭绝等全球性问题大量出现。

越来越多的人开始意识到，“大加速”时代即将走到尽头。当代社会的超高速发展是不可持续的，正在陷入某种“杰文斯悖论”（Jevons paradox）之中。在研究煤炭使用效率时，19 世纪的经济学家威廉姆·杰文斯（William Jevons）发现，原本人们以为提高产煤效率就能满足人们对煤的需求，然而结果证明，效率越高，人类消耗的煤反而越多，煤炭总量也会更快地耗竭，而人类的需求永远无法得到满足。

按照“杰文斯悖论”，如果继续在无节制的能源消耗道路上狂奔，“人类世”势必会在全球范围内加速毁灭。虽然未必会彻底摧毁地球，但必定会给人类带来灭顶之灾。很多思想家认为，不需要核大战，仅凭不断加速人类发展的技术本身，便会将人类纪推向废土末日的终局。彼时，可能如赛博朋克小说所描述的，人类不是自觉自愿地，而是被迫地成为赛博格，在粉尘与射线中苟延残喘。

与社会矛盾一样，自然危机也不可能依靠简单的技术方式解决。元宇宙可能为此问题提供一种解决路径，也可能埋下诸多陷阱。超人类主义所主张的全人类意识上传，或是抛弃地球移民宇宙等，只不过是一种鸵鸟策略，用一个遥遥无期的承诺来应付眼前的难题。总之，虚拟自然与虚拟社会一样，过度沉浸其中只能得到虚假的满足，无助于解决现实的危机。

无论如何，人类在洪荒时代被逐出伊甸园，不能在元宇宙时代再被逐出自然界。

结语：行动起来，避开元宇宙陷阱！

从历史看，绝大多数技术创新都是渐进积累的结果。罗伊·阿玛拉（Roy Amara）认为，人们往往低估创新的长期影响，但总是高估创新的短期影响。面对突然暴热的新名词，大家应该保持警惕。这并不是说，抛开炒作成分，抛开短期效应，元宇宙未来不会有任何进展。

亲爱的读者，“元宇宙热的冷思考”批评的是元宇宙刚露头就被炒作得过热、过头、过火的现象，绝非全盘否定元宇宙。几句批评，不可能阻挡技术进步。可以预计，一波一波热潮之后，与元宇宙相关的 ICT 将进一步发展，甚至可能超过人文学者的预期。

不过，元宇宙未来的发展有许多不同的路径、模式和选择，哪一种对公众和社会最有利呢？元宇宙未来的发展，既蕴含诸多风险，也蕴含诸多机遇。风险并不等于危险，可以通过预先布局来规避。究竟有哪些风险，我们应该如何规避呢？聚焦于类似冷问题的思考，目标在于推动元宇宙真正造福社会。

也许，人文学者气质上有些忧郁，思考有些混乱，行事上过于谨慎，关于元宇宙问题的观点甚至有些自相矛盾。但无论如何，执着于让新技术服务人民的反思，值得被认真对待和倾听。

元宇宙会失控吗

一些人认为，不管怎么批评，元宇宙注定要成为人类的未来。支撑类似信念的是所谓技术自主性的立场。也就是说，元宇宙技术虽为人类所发明，但它具有某种拟人的自主性，具有自身的规律和方向，并不完全听命于人类，因此人类不可能完全控制元宇宙。

技术自主性的观念近来越来越流行，但在学界一直争议极大。相关思考大致可以划分为对立的两类，即技术的工具论和技术的实体论。

技术的工具论认为，技术仅仅是一种工具，本身没有善恶，所谓技术的善恶是使用它的人的善恶。比如说，菜刀可以切菜，也可能伤害到他人。菜刀伤人了，你不能怪菜刀。

技术的实体论认为，技术可不是简单的工具，而是有善恶、有方向的，不以人的意志为转移。比如说，很多人认为互联网天然就是反权威、自由的，还有一些人认为区块链必须公开和诚信。

进一步而言，技术的实体论容易导致宿命论：如果元宇宙是自主的，它要向善或者向恶，人类如何能左右它呢？因此，技术的实体论往往与“技术失控论”相联系，即技术发展必然或者已经失去控制。

当然，有些思想家尝试提出调和技术的工具论和技术的实体论的观点。比如“技术设计论”认为，技术发展是协调技术要素和社会要素的结果。比如自行车，过去它主要是载物载人的，要有车筐、有后座；现在很多人拿它来锻炼身体或者远足骑行，因此外观要漂亮，还要能跑上坡；现在的共享单车，目标是解决“最后一公里”的问题，所以构造非常简单，能省就省。这些自行车技术要素上大同小异，区别就在于融合的社会要素不一样。

如何看待关于技术自主性的争论呢？

第一，越来越多的人从技术的工具论转向技术的实体论，是技术发展得越来越复杂的结果。当技术相对简单时，人们比较容易相信技术的工具论。而当技术变得越来越复杂时，人们比较容易相信技术的实体论。大家看到，技术的工具论举的例子是菜刀，技术的实体论举的例子是互联网、区块链和元宇宙。

第二，自主性争论根源于人机关系的思考。对人机关系的看法，最常见的有 3 种，即友好论、敌对论和协同论。友好论认为，机器有益于人类的生存，人类也要爱护机器，人机要相亲相爱。敌对论认为，机器危害人类的生存，人类要提防机器，人机是对抗关系。如今越来越多的人提倡协同论，认为人与机器是协同进化的，和生物圈中不同物种的关系一样，在相互适应、相互影响中共同向前发展。无论主张哪种观点，人类都要设法确保种族的延续和福祉。

第三，技术的工具论、实体论和设计论，都是哲学观念，而并非自然科学意义上的客观理论，也就是说，我们不能说在科学意义上哪一个对或哪一个错。科学上说一瓶矿泉水是500克，是可以用秤称出来的，但哲学观念不能用实验或观察来检验、证实或证伪。同样，上文讨论的友好论、敌对论和协同论，也都是没有科学意义上对错的哲学观念。

因此，自主性争论也好，人机关系争论也好，背后有意义、有价值的问题是：人类要不要控制技术，以及人类如何才能控制住技术。显然，这是个行动问题，它的答案不应该单从技术中寻找，还要求人类行动起来，想办法控制技术的发展。第一，我们有没有决心和勇气控制技术的发展？第二，为了控制技术，我们愿意付出何种代价甚至牺牲呢？这就是所谓"技术控制的选择论"。

元宇宙并不必然走向"人间天堂"，也不会必然导致"人间地狱"。元宇宙未来如何，关键在于人的努力。毫无疑问，人类应该努力控制元宇宙的发展，尽力将之引导到有益于人民的方向上去。首先，对于相关的技术探索，当然要予以鼓励，同时又要下定决心、鼓足勇气、脚踏实地地控制新技术的发展。虽然无法完全预测元宇宙技术发展可能产生的社会影响，但可以尽量研究相关问题，尤其是对于负面效应，要预先考虑对策，规避技术风险。其次，为了控制元宇宙的发展，人类必须做好付出必要代价的准备。比如，元宇宙让人的感官得到前所未有的满足，但是一些有害的满足应该被禁止。比如，元宇宙沉迷可能会毁了青少年的人生，因此国家和社会就要为此选择放弃一些游戏红利。

总之，元宇宙本身并不会失控，如果真的失控，一定是因为我们放弃了控制它的努力。

介于乌托邦与敌托邦的路

完美元宇宙会出现吗？一些人甚至在谈论元宇宙共产主义，认为在元宇宙中共产主义最终会到来。2022 年 2 月底，俄罗斯与乌克兰之间爆发战争，一些加密货币交易平台（如 Dmarket）宣布冻结来自俄罗斯和白俄罗斯用户的数字资产，这说明虚拟货币作为虚拟资产并未受到严密保护，可以完全自由地流通。显然，乌托邦不可能因为某些技术突破就自动到来。

极权主义的元宇宙噩梦会出现吗？一些人提到元宇宙，立刻就想到《黑客帝国》的“矩阵”、《终结者》的“天网”、《虚拟革命》的“赛特尼斯”。他们总是认为，科技是为权力服务的，极权势力将利用元宇宙打造出牢不可破的监狱。这种观点也有问题。比如网络应用实际上存在两种并行的趋势：一方面电子监控确实可以作为极权利器，另一方面，网络民主、自上而下的网络监督、信息披露也很常见。按照马克思的说法，科技本质上是一种革命性的力量，它推动着人类的进步，但是在阶级社会却被统治阶级利用，为治理者的统治服务，而被统治阶级也可以利用科技谋求自身的解放。这便是科技与权力的辩证法。也就是说，元宇宙未来的发展并不会必然导致敌托邦。

相比各种乌托邦或敌托邦的构想，现实生活的确缺乏戏剧性，但让人觉得更踏实。历史经验表明：无论至善，还是极恶，新技术社会影响步入极端的可能性极小，基本上都是有好有坏的状态。未来元宇宙的发展，亦将如此，即肯定会走出一条“介于乌托邦与敌托邦之间的路”。

这究竟是一条什么样的道路？第一，不同国家和地区、不同文化和族群的元宇宙发展之路，肯定各有特色，不尽相同。第二，元宇宙的发展之路，与具体的应对措施直接相关，具有偶然性和不确定性。第三，元宇宙的发展之路，与社会各方力量之间的博弈息息相关。总之，哲学家不是算命先生，不会对未来进行武断的预测。

以元宇宙虚拟人失业的问题为例。如前所述，大规模推广虚拟人可能导致失业问题，但这并非完全不能解决。总的来说，所有"AI 失业"问题的解决，必须同时考虑远景和现实两方面的情况。从远景来看，从根本上解决"AI 失业"问题，涉及人类社会制度的根本性变革，这不是纯粹依靠发展虚拟人在内的智能技术所能解决的。机器人完全替代人类劳动，必然意味着从根本上取消少数人通过制度安排强迫大多数人进行劳动的剥削制度，否则就不可能实现。从现实来看，社会制度的进化需要很长的时间，必须逐步稳妥地前进，也要等待虚拟人在内的智能技术不断地发展成熟。所以，当务之急在于：给受到虚拟人冲击的劳动者创造就业机会，保证他们能享受到智能革命所带来的技术红利。

根据马克思主义基本原理，"AI 失业"问题反映出科技生产力发展与既有生产关系之间的矛盾，"经济奇点"的到来将极大地激化这种矛盾。所谓"经济奇点"的到来，指的是如果人工智能最终不能取代所有人类劳动，也能取代绝大部分的人类劳动。按照卡鲁姆·蔡斯（Calum Chace）的说法，"到那时候，当大多数人都永远不再工作时，就达到了一个经济奇点。"

因此，解决"AI 失业"问题，必须持续减少劳动者的工作时间，给人们更多的闲暇时间，最终彻底消灭剥削制度。20 世纪的劳动史表明：现代科技在生产中的运用，持续减少着社会必要总劳动时间，“八小时工作制”和“双休制”被越来越多的国家所实施。

因此，应对类似虚拟人导致的元宇宙失业风险，必须放弃非此即彼的极端思维，而要预先研究、逐步推进、努力规避、实时调整，寻找适合国情的“中道”辩证发展之路。无论如何，不要将元宇宙的未来发展问题视为纯粹的技术问题。

积极应对元宇宙风险

哲学家所考虑的往往很宏大、很长远，但是缺乏落实的操作细节。关于元宇宙的人文沉思，不长于提出具体的元宇宙治理方案。这类问题，应该由社会科学、自然科学领域的相关研究者，从不同的角度加以解答。

我们就如何应对元宇宙风险，在这里大致谈一些原则性的想法。

第一，坚持“以人民为本”。元宇宙风险在不同文化中表现不同，不同社会阶层面对的元宇宙风险也不同，而有的国家、有的人群则能从元宇宙发展中获得更大利益。因此，在元宇宙的风险预测和评估中，必须考虑现实国情，必须坚持“以人民为本”的原则，考虑大多数人的利益，尤其是社会弱势群体的利益，使元宇宙朝着促进人民美好生活的方向发展。

第二，“从大设计转向小设计”。前数字时代，思想家偏好总体主义思考方式，对社会发展进行通盘考虑，却缺乏对真实社会状况的了解。在数字时代，各种社会大数据越来越全面，对“至大无外”乌托邦的迷恋逐渐被人们所抛弃。元宇宙的发展要放弃传统“大设计”的思路，而代之以局部的、渐进的和不断反馈调整的“小设计”思路。并且，要努力增加元宇宙的弹性、柔性和多元性，即元宇宙不是一个、不是一种，人们可以进出自由。面对大一统元宇宙的狂想，始终要保持足够的清醒。

第三，努力保护私人领域。从根本上说，人们在元宇宙的所有行动都会被区块链记录。但是，数字痕迹并非向所有人公开，而是存在不同的接入权限，因此数字痕迹的使用也要可控，商业利用和政治利用尤其要得到严格控制。元宇宙的发展要严守私人领域与公共领域的传统界限，尽最大可能保护个人隐私。应该结合国情，预先设计个体退出元宇宙的隐退机制，保证个体有能力随时和方便地退出，将元宇宙隐私风险限定在绝对可控的范围。

第四，社会共建，社会监督。从理论上说，公司搭建好元宇宙平台，其中的内容可以由每个人提供。但是，平台并非免费的，优质内容的生产很专业，流量吸引能力会呈现头部效应。可以预计，元宇宙中的资本、机构和团体的力量仍然明显强于个人。因此，真正落实人人平等的社会共建方式，既需要在战略层面考虑，也要在操作层面落实。相反，对于元宇宙的权力者，尤其是互联网巨头，应该从各个方面加以约束。元宇宙带来的挑战是全新的，任何研究都不可能完全预知元宇宙风险，但如果有政府和社会的持续监督，及时而有效地应对问题，元宇宙就有可能处于健康的发展道路。

第五，努力建设绿色低碳和节能环保的元宇宙。不少人指出元宇宙存在“能源瓶颈”，所以元宇宙要走节能环保的发展道路，坚持可持续发展的原则，开展该领域的国际合作与对话，降低元宇宙发展中的能耗和污染风险。从能源角度看，建设全覆盖、全替代的元宇宙目前显然不可能实现，只能由点推进，局部深化。

第六，勿忘元宇宙建设的安全性、可靠性和易用性。元宇宙的易用性值得注意：一是人机接口要方便，虚拟头盔需要改进，甚至彻底被取代；二是要切实降低社会交易成本，比如有些社交通过声音就很好，使用元宇宙化身反倒变麻烦；三是长时间处于虚拟现实会产生“晕动症”，但这个问题一直没有解决。而元宇宙是Web3.0，互联网应用中已经暴露的安全性和可靠性问题，在元宇宙中可能会被扩大。在元宇宙如何防御各种自然灾害及元宇宙如何保护国家安全等方面，必须认真思考、仔细应对，否则很难长远地发展。

第七，警惕元宇宙发展过程中的经济风险。最近元宇宙爆火，导致大量资金进场，因此要尽力控制“元宇宙泡沫”，尤其是“元宇宙”炒房，打击概念炒作和扰乱资本市场的不正当行为。元宇宙的进一步发展，对传统制造业的冲击会越来越大，这要求我们认真处理互联网经济与实体经济之间的关系，防止对传统产业的过度冲击。此外，还要仔细观察元宇宙对就业市场的影响，及时侦测元宇宙发展导致的失业问题，努力化解问题，避免劳动者受到元宇宙发展带来的经济伤害。

第八，注重元宇宙伦理建设和文化建设。从不同的角度看，元宇宙可以被视为新的社交平台、传播媒介和文化交流中心。元宇宙建设不仅要贯彻社会主义核心价值观，还要加强对元宇宙伦理的引导。一方面，元宇宙伦理应该成为一种使权利得到公正分配的制度伦理。另一方面，在发展元宇宙技术的同时，应当针对可能出现和已经出现的伦理问题，以责任伦理观念为指导，建立强调公平与正义的、契约化的伦理底线。元宇宙电子游戏、元宇宙艺术等文化活动要纳入社会主义核心价值观的指导，要反对“科技至上主义”，提倡“人文主义”的优秀文化，开展科学观和元宇宙方面公众教育和科学普及工作，缓冲包括元宇宙在内的各种新科技风险。

第九，预防元宇宙沉迷尤其是未成年人成瘾。埃里亚斯・阿布贾韦德（Elias Aboujaoude）对成年人上网进行了调研，发现近 1/3 的人很难坚持几天不上网，多数人的实际上网时间超过计划，但又无法控制自己。其中，8.2%的人完全通过上网逃避现实，半数的人有网络成瘾的问题。由于元宇宙，尤其是元宇宙游戏的沉浸性将超过互联网和 VR，网络成瘾及其导致的社会问题将更加严重，因此必须在元宇宙发展之初进行规划，建立相关分级控制制度，尤其要严格控制未成年人的使用时间。

无论如何，新科技当代发展的一大特点是：新技术应用的社会冲击，日益渗透社会的各个层面，影响每个人的日常生活。可以预计，元宇宙未来的发展，亦将如此。因此，元宇宙的发展，人人有关，人人参与，人人有责。

从根本上说，元宇宙与人的关系，终归会落实到人经由元宇宙建立的与其他人的关系。早期元宇宙著名科幻电影《电子世界争霸战》及其续集《创：战纪》，生动地说明了相互搏杀的程序背后，实际上是利益冲突者之间的搏杀。说到底，技术不会反叛，真正反叛的是人，或者说是一群人对另一群人的反叛。危险的是当代社会的“现代性－后现代”理念及其制度架构的缺陷，而非元宇宙技术本身。

在《黑客帝国》第三部的结尾，男主角与机器和解，共同消灭想毁灭整个世界的变异程序史密斯。然而，和平终究是暂时的，《黑客帝国》第四部已经上映，矩阵再一次重启。

既然没有永久的和平，那就让我们行动起来，一起面对元宇宙的挑战，向着造福人类的元宇宙稳步前进！

图书在版编目（CIP）数据

元宇宙陷阱 / 刘永谋，李瞳著. — 北京：电子工业出版社，2022.7
ISBN 978-7-121-43759-5

Ⅰ.①元… Ⅱ.①刘… ②李… Ⅲ.①信息经济 Ⅳ.①F49

中国版本图书馆 CIP 数据核字（2022）第 101321 号

责任编辑：黄　菲　　文字编辑：刘　甜　　特约编辑：马　潇
印　　刷：三河市良远印务有限公司
装　　订：三河市良远印务有限公司
出版发行：电子工业出版社
　　　　　北京市海淀区万寿路 173 信箱　　邮编：100036
开　　本：720×1 000　1/16　印张：13.75　　字数：198 千字
版　　次：2022 年 7 月第 1 版
印　　次：2022 年 7 月第 1 次印刷
定　　价：78.00 元

凡所购买电子工业出版社图书有缺损问题，请向购买书店调换。若书店售缺，请与本社发行部联系，联系及邮购电话：（010）88254888，88258888。
质量投诉请发邮件至 zlts@phei.com.cn，盗版侵权举报请发邮件至 dbqq@phei.com.cn。
本书咨询联系方式：1024004410（QQ）。